最高の
自分を
演出する

働く女性が知っておくべき

ビジネス
ファッション・ルール

大森ひとみ 著

Discover

はじめに

なぜ、日本の働く女性の多くは、ビジネスシーンで素敵に輝いて見えないのか？　プライベートシーンでは、みんな、ほんとうに素敵なのに……。

それが、私の二十五年間の企業研修、講演、コンサルティングを通して感じる素朴な疑問でした。

日本人女性のファッションセンスは、世界的に見てもたいへん優れています。トレンドに敏感で、上質のものを見極める選美眼、鋭い感性を持っています。そして何より、ファッションへの自己投資を惜しみません。

ところが、一歩、ビジネスステージに目を移してみると、仕事には明らかに向かない服装をしている女性や、ビジネスファッションに自信が持てないでいるようすの女性を多く見かけます。ビジネスシーンでさっそうと輝く女性の多い欧米とは正反対です。

なぜ、日本の女性は、ビジネスシーンで自信に満ちて見えないのでしょう？

なぜ、その輝かしいキャリアが、外見を見ただけでは伝わってこないのでしょうか？
なぜ、仕事の専門性やポジションが瞬時に相手に伝わらず、説得力や交渉力に欠けてしまうのでしょうか？

それが、いま、ようやくわかってきました。

そもそも日本では、女性が仕事において有利にことを運ぶために服を選ぶ、という発想自体が浸透していないのです。

これは、考えてみたら当然のことかもしれません。もともとフルタイムでビジネスの第一線で働く女性の数が増えてきたのは、ここ数十年のことです。しかもそのうち制服を着る職場で働く女性も多く、管理職はごくわずか。そもそもビジネスシーンへの登場の歴史も人数も、男性とはもちろん、世界各国の女性と比べても、何年も遅れているのです。

ですから、ビジネスマナーとして不快感を与えない身だしなみレベルは理解していても、ビジネスウーマンの服装が、どれだけ企業イメージやセルフブランディングに影響しているか、まだ多くのビジネスウーマンは気がついていないのでしょう。

服装が、職場のコミュニケーションをはじめ、自分の信用力、説得力、競争力、昇進などに大きな影響を及ぼしていることは明らかです。働く女性たちは、服装を戦略的なコミュニケーションスキルとして十分に備えるべきときなのです。

私は、コンサルティング現場で、女性のビジネスパーソンをはじめ、コンサルタント、ビジネスリーダーや大学教授、医師、弁護士、政治家などのエグゼクティブに至るまで、男女を問わず、さまざまな業種・業界、ポジションの方と関わっています。

みなさんに共通するのは、相手とのコミュニケーションがスムーズになる、具体的には、相手に信頼される、説得力がある、馬鹿にされない、軽く見られない、有能に見えるには、どのようなファッションスタイルをとるべきなのか、自分の職業やそのときどきのビジネスシーンに合う服装をどのように考えて選択すればよいか、そして、どこに行けばふさわしい服が買えるのか、という悩みです。

中でも、女性のビジネスファッションは、デザインやアイテムの種類が多い分、かえって迷いや誤解が生じています。

残念ながら、多くの場合、最初にお会いするときの彼女たちの服装は、ひと目で相手から選ばれ期待される服装ではありません。そして、そのことを指摘しても、なかなかほんとうには理解していただけません。それが、周囲の反応から、服装が自分のビジネスに不利に働いていることに少しずつ気づきはじめ、コンサルティングに熱心に足を運んでくるようになります。

そして、自分にふさわしいビジネスファッション・ルールを知ったあとは、見違えるほど表情が明るくなり、自信を持ってビジネスの現場に戻っていきます。彼女たちの可能性が大きく広がった瞬間です。

そういう姿を見るたびに、私は大きな喜びと感動に包まれます。

グローバルなステージで女性が活躍する

女性の社会進出が加速する中、女性の能力や労働力が期待され、すでに私たちはグローバルなステージに立っています。

「えっ、グローバル？　私には遠い世界」と思われる人もいるかもしれません。しかし、今日のネット社会では、ビジネスの場に一歩踏み込めば、すでに、グローバルなビジネスステージが広がっているのです。ビジネスや活動は国境を越え、知らず知らずのうちに、多様な価値観を持つ相手と向き合っています。

女性が活躍する場は、ビジネス社会に限らず、ＮＰＯやさまざまなコミュニティなど、果てしない世界とのつながりが身近になりましたが、とくに、多様化するビジネス環境と厳しい競争社会の中では、自分自身の適切なイメージデザインを行い、自身のブランドを確立していく必要があります。

自分自身のマーケティング、セルフブランディングに真剣に取り組むことが求められているのです。

ビジネスの根幹となるあなたの信用・自信を揺るぎないものにするために、服装がますます重要なコミュニケーションツールになっていることに、もう気がつきはじめているはずです。いまこそ、信頼、知性、キャリアを体現する服装術をマスターすることが、まさにビジネスの成功への鍵を握っています。

まずは、ビジネスファッションの基本ルールを知り、知性と思いやりのあるスマートなビジネスファッションスタイルを手に入れてください。

そうすることで、あなたと関わる多くの人とのコミュニケーションがおのずと良好になり、信頼関係、相手との絆がいっそう深まることでしょう。

それぞれのビジネスシーンや相手に合うビジネスファッションを適切に選択でき、教養を備えた知性コンシャスな人、つまり、働く大人の女性として抑制が効いている人こそ、ビジネスで成功するのです。これらを手に入れることで、あなたは周囲からさらに受け入れられ、仕事でもますます輝き、愛される女性になることが約束されます。

ビジネスの成功は、あなたの魅力を目に見える形にすること、可視化することからはじまります。新たな人生のゴールに向かって自己実現をしていくために、この本は必ずやあなたのよいパートナーとなるものと思います。あなたのキャリアのさらなる前進と人生の成功に、少しでもお役立ていただければ、これほど嬉しいことはありません。

それでは、スタートです。ビジネスファッションの選美眼をさらに鍛えていきましょう。

あなたは職場の服装について、こんなことで悩んだことはありませんか？

誰に聞けばよいのか、迷ったことはありませんか？

次の質問にいくつ適切な回答ができます？

□スカートスーツとパンツスーツはどちらが評判がよいか？

□ビジネスの場で許容されるスーツの色は、どんな色か？

□デザイン、素材、柄についてはどうか？

□キャミソールは着てもよいか？

□黒のストッキングやタイツは履いてもよいか？
□サンダルはどの種類まで許されるか？
□夏場の素足は許されるか？
□会社、業界によって適した服装に違いがあるか？
□スカート丈、パンツ丈に制限はあるか？
□会社のドレスコードはクリアしているか？
□ファッショントレンドはどの程度取り入れるべきか？

もし、ひとつでも気になることを見つけたら、この本が解決してくれます。
あなたが日頃いだいている素朴な疑問のヒントや答えがこの本の中にたくさん見つかることを心から願っています。

さあ、次なるビジネスステージに向けて、準備はいいですか？

大森ひとみ

BUSINESS FASHION RULES

CONTENTS

CHAPTER 1

ビジネス戦略としてのファッション

CHAPTER 2

ビジネスファッションの基本ルール

CHAPTER

3

シーン別ビジネスファッション・ルール

CHAPTER 4

職業別ファッション・ルール

CHAPTER

5

エグゼクティブのビジネスファッション・ルール

CHAPTER
6

ビジネスファッションのグローバル・スタンダード

CHAPTER
7

アイテム別ファッション・ルール

59
パンツのルール
フルレングスのストレートパンツが基本です。――194

60
シャツ、ブラウス、インナーのルール
手入れが楽で、肌の露出の少ないものが基本です。――196

61
ワンピースのルール
ビジネスタイプのワンピース、またはワンピーススーツでも、フォーマルシーン以外には向きません。――198

62
セーターのルール
セーターが許されるのは、ウォームビズとして、ジャケットのインナーに着る場合だけです。――200

63
スカーフのルール
グレードを上げ、ステイタスを感じさせるスカーフでなければ、つける意味はありません。――202

64
シューズのルール
三～五センチの太めのヒールのパンプスが基本です。――206

65
靴下のルール
ナチュラルストッキングが基本。いつも、予備を一足、バッグの中に携帯しましょう。――209

66
コートと手袋のルール
コートはコンサバティブ、長く着られる上質なものを選びます。――212

66 アクセサリーのルール
目立ちすぎず、服装と調和する上質なアクセサリーで、キャリアを示します。―― 214

67 バッグとビジネス小物のルール
バッグはA4サイズの書類の入る皮革製。小物でステイタスを。―― 216

CHAPTER 8

ビジネスカラーのルール

68 色が発するメッセージを理解し、インプレッション・マネジメントに活かします。―― 222

69 一般に、ビジネスに適した色とされるのは、ネイビー、グレー、ブルー、ベージュです。―― 223

70 エグゼクティブに人気の赤とオフホワイト ―― 227

71 ビジネスシーンでは意外と不評、ブラウンとブラック ―― 229

おわりに ―― 232

本書は2013年に小社より刊行された『ビジネスファッションルール　武器としての服装術』の新装・改訂版です。

CHAPTER

1

ビジネス戦略としてのファッション

ビジネスシーンの服装は、
ファッションではなく、
ビジネス戦略の武器です。

RULE 1

服装はファッションではなく、ビジネス戦略の武器です。

まず最初に理解していただきたいのは、ビジネスの場では、服装は単なるおしゃれやファッションではなく、ひとつの戦略だということです。

どのように装えば、表現したい自分を相手に効果的に伝えることができるか、自分を選んでもらうにはどうしたらよいか――まさに自分マーケティングです。外見を重要なマーケティング・マターととらえ、「選ばれる自分」を積極的にプロデュースしていくのです。

商品やサービスの差別化がむずかしい時代になればなるほど、顧客はもれなくセットでついてくる「あなたの魅力」とともに商品やサービスを買っています。大きな契約や高額商品ともなれば、その意思決定は会社の信用はもちろんのこと、それを扱う個人の魅力に依存していることが多いのです。

仮に、同じ商品を二人のビジネスウーマンが販売していたとしたら、きちんとした身だしなみの人から買うか、そうでない人から買うかは言うまでもないでしょう。選ばれる自分になるためのコミュニケーション・ツールのひとつが、まさに服装なのです。

では、製作や事務など、ほとんど外部の人と接することのない内勤の仕事なら、そうした戦略は必要ないかというと、そんなことはありません。だらしのない、あるいは、その場にあまりにも不適切な華美な服装をする人が一人いるだけで、周囲の人は不快になり、落ち着かなくなります。

服装を整えることは単なる自己満足ではなく、相手への敬意の表れであり、思いやりであることを忘れてはなりません。

いずれにしろ、私たちは、人が、どのような服装を選択し、どう着こなしているかによって、知らず知らずのうちに、その人のキャリア、ポジション、ビジネスへの取り組み方、時代を読むセンス、パーソナリティまでをも読み取っているものです。

服装は、相手があなたを見極めるひとつのファクターになっていることを肝に銘じてください。

RULE 2

ビジネスのグローバル化のなかで、インプレッション・マネジメントが重要になってきています。

服装が、まわりの人に与える、その人の〈印象〉を大きく左右する、ビジネス戦略上の重要な〈武器〉であることはご理解いただけたと思います。つまり、ビジネスウーマンが服装を考えるということは、自分の印象をコントロールするということでもあります。

これを、コンサルタントの世界では、〈インプレッション・マネジメント〉と言います。インプレッション・マネジメントの重要性が、日本のビジネス社会で本格的に認められるようになったのは、今世紀に入ってからのことです。

日産自動車のCEOカルロス・ゴーン氏は、ソニーの企業大学で次のようなことを語っています。「スピーチは三日も経てば忘れてしまう。聞き手が覚えているのは、スピーチしている人の態度や迫力、雰囲気などだ」。

日本人はいままで、「ハイコンテクスト文化」といわれる、生活習慣、体験、価値観など共通性の高い環境の中にいて、伝える努力や自己表現するコミュニケーションスキルがなくても、なんとなく察してもらえ、通じ合うことのできる傾向が強くありました。そのため、服装などの見た目の印象が、ビジネスに大きく影響するという考えをあまり意識しませんでした。

しかし、日本でもグローバル化が進み、日本企業トップが外国人になる時代です。ビジネスが多様化し、熾烈な競争社会へと変化する中、欧米同様に、服装などの外見、非言語コミュニケーションに対する意識を強く持たなくてはならない時代に入っているのです。

このことは社内においても同様で、若手社員と管理者とのコミュニケーションギャップに見られるように、日本人同士の価値観も多様化しています。どんなに優れた企業にいたとしても、どんなにすばらしいスキルやキャリアを持っている人でも、それらが可視化、つまり、外から見てすぐわかる状態になっていなければ、相手にそれと認めさせることはむずかしくなります。

上司に認められないだけではありません。とくに女性の場合、同性の若手社員にも尊敬されにくくなります。女性は、男性以上に、外見で評価されがちです。どんなに優秀でも、服装によっては、部下からの尊敬を得ることはむずかしいのです。

現在、インプレッション・マネジメントが重要になってきているもうひとつの理由に、ちょっと逆説的ですが、インターネット社会の加速化により、ほとんどのビジネスのやりとりは、メールですまされ、直接、クライアントに会える機会が以前と比べきわめて少なくなってきていることが挙げられます。

だからこそ、はじめて顔合わせとなった際の印象がますます重要になってきている、最終段階のたった一回の面談、しかも数分という短時間に与えたあなたの印象で、取引、交渉が成立するか否かが決定されてしまうからです。

つまり、瞬間判断がなされる今日、あなたを理解するまでに時間がかかってしまうようでは、ビジネスを有利に進めることはできません。

そして、第一印象を決定する最大の要因は視覚情報であり、その視覚情報で大きな役割を果たすのが、服装なのです。

大切なビジネスシーンに一〇〇%の力で挑むために、最初の出会いに成功する服装戦略が必要です。

RULE 3

インプレッション・マネジメントのために知っておきたい三つの基本データ

インプレッション・マネジメントには、それを行う前提となっている基本的なルールがあります。

インプレッション（印象）は、服装だけによって決まるものではありませんが、そのルールを見ると、インプレッション・マネジメントにおいて、服装戦略がいかに重要かがおわかりいただけると思います。

次に、その三つの基本ルールをご紹介します。

データ1　第一印象のルール

どんなに優れたキャリアや知性があったとしても、中身と外見、つまり伝えたいメッセージと服装、表情、動作、話し方などに一貫性がないと、相手を混乱させてしまいます。

外見の重要性は、数字が語っています。南カリフォルニア大学のメラビアン教授の有名な印象法則にもあるように、人は、中身より外見で相手を判断する傾向にあるのです。おなじみのデータではありますが、無視できないデータです。

ちなみにその印象法則、第一印象の形成データとは次のとおりです。

55%・・・ボディランゲージ（外見）
38%・・・パラランゲージ（話し方、声の調子）
7%・・・ランゲージ（言葉、話の中身）

このデータからわかるように、人は、なんと九三%まで、非言語的なコミュニケーションで判断されています。しかも、何を話したか、さらには、どのように話していたかよりも、どのように見えたかが相手には印象に残るのです。

好感度を高めるには、自分の魅力を「可視化」すること、つまり、服装ひとつをとってみても、あなたのキャリア、スキル、リーダーシップを目に見える形にすることが大切なことがおわかりいただけるでしょう。

データ2 好感度と収入の相関ルール

数年前、「外見力®」をテーマにしたＮＨＫの「プライスの謎」という番組制作に協力したときのことです。私は番組の中で、米国テキサス大学の労働経済学の権威であるダニエル・ハマーメッシュ教授が行った、ビジネスパーソン男女七五〇〇人を対象にした実験データを紹介しました。

見た目のよさ（美醜ではなく好感度）が平均以上のビジネスパーソンは、平均以下の人に比べて生涯年収が三〇〇〇万円高い、というものです。

つまり、収入は好感度の高さに比例しています。

ハマーメッシュ教授は、さらに衝撃的なことも言っています。

「人が感じのよい人を選ぶのは、人間の遺伝子に組み込まれた性質だ」というのです！

理屈ではなく、遺伝子レベルにまで及んでいるわけです。

好感度で心をとらえ、相手が「信頼できる、安心できる」、「自分に貢献してくれる」と信じなければ、取引はうまくいきません。そして相手と信頼を築くためには、ビジネシーンにふさわしい着こなしを確立することが大事なのです。

データ3 初頭効果のルール

心理学では「初頭効果」といわれ、人は最初に受けた印象によくも悪くも引きずられる傾向があり、最初に受けた印象が、あとあとまで尾を引いてしまいます。

ニューオリンズ大学のマイケル・ルボルフ名誉教授は、「お客さまにネガティブな体験を一回させたら、それを埋め合わせるにはポジティブな体験が八回必要」と語っています。

スピード判断が求められる時代、顧客や重要な相手に八回も会うことは不可能です。ビジネスを有利に進めていくためには、第一印象でよい印象を与える、少なくとも、服装でマイナスイメージをいだかれないようにすることが重要です。

RULE 4

ビジネス戦略のツールとしての服装術には、三つのグランドルールがあります。

次の章から、ビジネス戦略のツールとしての服装について、具体的なルールをあげていきますが、その前に、それらのルールの前提となるグランドルールについてお話しします。

一般に、ビジネスマナーでは、身だしなみの三つのルール（三原則）として「清潔・品位・控えめ」があげられます。そこに、三つのグランドルールが加わります。

ひとことで言えば、無駄をそぎとったシンプルで洗練された着こなしが、ビジネスウーマンをスマートに見せます。

ちなみに、あのスティーブ・ジョブズ氏はこのように語っています。

「〈シンプル〉が私のモットーだ。それは、〈複雑〉よりむずかしい。考えを研ぎ澄ますというたいへんな努力を要するからだ。だが、そうするだけの価値はある」。

プロフェッショナルな服装にも共通します。

身だしなみの三原則

1・清潔
2・品位
3・控えめ

ビジネス戦略としての服装のグランドルール

1・会社のドレスコードに準じた服装であること
2・相手の期待に応える服装であること
3・稼げる服装であること

RULE 5

グランドルール①
会社のドレスコードに準じた服装であること

ビジネス戦略としての服装術のファーストステップは、自社のドレスコードの有無を確認し、それにしたがうことです。

ビジネスパーソンであれば、その企業イメージにふさわしい服装が求められます。内勤、外勤にかかわらず、顧客や取引先はもちろん、同僚、上司とのよりよいコミュニケーションを期待されています。当たり前のことですが、会社の信用や品格、評判を下げるような服装は禁物です。

企業イメージを体現しているか、目指す自分にふさわしい服装かどうか、本来ならば、各自が判断するべきなのですが、なかなかそれがむずかしい場合もあり、そのため、ドレスコードを設けている会社もあります。明文化されたものはなくても、不文律として存在する場合もあります。

RULE 6

グランドルール②
相手の期待に応える服装であること

相手の期待に応える服装とは、職種、役職、TPOにふさわしい服装ということです。期待を裏切る思いがけない服装で印象づける、という戦略もありますが、それは、相手との上下関係や仕事の実際のスキルにおいて、圧倒的に自信のある人にのみ許される方法です。それ以外では、リスクが高すぎます。

たとえば、生前のスティーブ・ジョブズなら、ビジネススーツの交渉相手との商談に、Tシャツとジーンズで臨んでも許されたかもしれませんが、無名の若者がそんな格好で行ったら、相手は怒り出すか、相手にしないか、どちらかでしょう（実際は、スティーブ・ジョブズ氏もそうした場では、ビジネススーツでバシッと決めていたそうです）。

ビジネス上の服装は、ただ単に、自分が好きだから着る、仕事で疲れないから着る、ということではありません。相手やその「場」への敬意の表現でもあるのです。

自分の好き嫌いという主観的判断ではなく、何が適切であり何が適切でないか、自分の服装を見て相手がどう感じるのか、という客観的な基準によって判断しなければなりません。

RULE 7

グランドルール③
稼げる服装であること

お給料をいただいている時間での服装や身だしなみは、会社の信頼を高めるために、ときには制約を受けることがあります。とくに、不特定多数のお客さまと多く接する接客、窓口、営業に関わる現場では、その傾向が強くなります。

ビジネスでは、相手の期待に応えるとともに、稼げる服装でなくてはならないのです。

当然それは、業界や職種によって異なります。アパレルのデザイナーと販売員でも異なりますし、銀行員と大学教授でも異なるでしょう。同じ業界の同じ職種でも、高級ブティックとカジュアルショップでは異なります。

ただ、ファッションスタイルは異なっても、原則は同じ、稼げる服装であることです。

親近感を得るほうが稼げるのか、憧れられるほうが稼げるのか、威圧するほうが稼げるのか、安心感を与えるほうが稼げるのか、業界、職場、職種、地位等によって異なりますが、目的は同じだということです。

ここまでに挙げた三つのグランドルールを別の角度から整理してみると、次のようになります。

①自己満足から顧客満足
②自分目線から相手目線
③自己評価から他者評価

まさに、マーケティングの基本ですね。服装の選択にも、これら三つの視点の変化が必要です。ビジネスの鉄則は服装にあてはまるのです。

RULE 8

誰も何も言わないからといって、あなたが勘違いした装いをしていないとは限りません。

アメリカではすでに三十五年前、企業のイメージコンサルタントであるジョン・T・モロイが『Dress for Success』という本を書いています。職業、業種、個々のプロフィールに合った服装術を、スーツから小物に至るまで、すべて調査の裏づけによって書かれているのが特徴です。

たとえば、同じ形、同じ素材で色が異なるコートを着て、予約なしでレストランに行く場合、よい席に案内される割合を計測します。街角で小銭を貸してくれと声をかけ、集められた金額を競うというのもありました。そうした実験の結果、社会的信用を得られるコートの色はベージュがいちばんで、いちばん下層に見られるコートの色は黒である、などといった具合で、そこから見いだされた「成功するための服装術」のノウハウは、アメリカを代表する多くのグローバル企業に生かされ、ミリオンセラーになりました。

ちなみに、その本は、四五カ国が加盟する、世界最大のイメージコンサルタント組織、国際イメージコンサルタント協会（ＡＩＣＩ）にて、二〇〇一年、イメージ産業に莫大な貢献と影響力を及ぼした本として、IMMIE Bravo Awards (Image Makers Merit of Industry Excellence) に輝いています。

ついで、一九九六年『New The Women's Dress for Success』が書かれ「ビジネスで成功する服　女性版」として、いずれも現代ビジネスウーマンの服装術のバイブルとなりました。こちらも、大手企業や政府からの依頼を受けて行われた、すべて調査と実験からの事実に基づくアドバイスで、そのノウハウには、大きな説得力があります。調査の中には、二〇〇〇人のビジネスウーマンを対象に、三年間にもわたって行われたものもあります。

さらに、その改訂版が、二〇〇五年、『ミリオネーゼのファッションルール』（ジョン・T・モロイ著　八重田暁子訳　ディスカヴァー・トゥエンティワン刊）として日本に紹介され、一歩進んだビジネスウーマンたちから反響を呼びました。

この本もまた、詳細な実験とその調査結果から、ビジネスウーマンの服装に対して有益なアドバイスとともに数多くの警鐘を鳴らしているのですが、驚くべきは、ここ数年間で、日本でも起きはじめている現状と、あまりにも共通点が多いということです。私が行っている実際の企業研修や個人コンサルティングの現場から見えてきた課題と多くが重なるのです。

その一部をご紹介しましょう。

モロイ氏の調査によると、「六〇％〜七五％のビジネスウーマンが失敗する服装をしながら、そのことを知りません。六五％〜七〇％の大卒以上の高学歴の女性たちが、服装のせいでステップアップの可能性を狭めています。ファッション誌はそれを教えてくれません」。

それでは、なぜ、これほど、多くの女性が「ビジネスで失敗する服」を着ているのかというと、「女性の部下がビジネスに不適切な服を着ていることに気づいても、男性の上司は何も言わない」というのが、大きな理由のひとつだといいます。曰く、「女性には、服装のことは言いにくい」「気がつかない」「そもそも女性を主戦力だとは思っていない」から。

ビジネス社会で男女平等（日本でいう、男女雇用機会均等法やセクシャルハラスメントなど）が叫ばれるようになり、男性管理者は服装について女性に注意するのを怖がっているのです。そのほか、指導しようとしても、その正しいビジネスファッションスタイルを知らないということもあります。

では、女性が上司の場合はどうなのかというと、そもそも、女性管理職の数が少ないし、いたとしても、そんなことは自分の仕事ではないと思っている人が多いのだそうです。

つまり、誰も女性たちに、勘違いな服装をしていることを教えていないのです。その結果、多くの女性たちが、自分の服装がキャリアにマイナスの影響を及ぼしているという事実を知らないまま、ビジネスの服選びに、何度も同じ過ちを犯している、というわけです。

これが、若い男性だったら、「おまえ、お客さまに会いに行くのに、そのシャツはなんだ！」「ネクタイの色が派手すぎるぞ」「そんなよれよれのジャケットを着るな」などと、何度も注意されるはずだ、とモロイ氏は語っています。

いずれも、いまの日本の状況と同じですね。

服装や身だしなみがふさわしくないことは、大きなリスクです。たとえば、仕事ができない、空気が読めない、人づきあいに配慮が不足している、常識がないと周囲から勘違いされ、ひいては、リーダーやマネージャーにふさわしい能力を持ち合わせていないなどと評価がくだされては、仕事のステージを上げることができません。

セクシーだったり、フェミニンすぎたり、あるいは、みすぼらしい服装のせいで、表彰や昇進候補から外されているのだとしても、残念なことに、女性たちの多くは、それを知らされる機会に恵まれていないのです。

それでは、ビジネスプロフェッショナルにふさわしい服装とは、どのようなものなのでしょうか？

次の章から具体的にご説明していきます。

まずは、スタンダードなスーツスタイルを軸に、ビジネス戦略としてのファッション・ルールの基本を考えていきましょう。

CHAPTER

2

ビジネスファッションの基本ルール

RULE 9

まずは、自分の〝ビジネスファッション感覚〟をチェックしてみましょう。

センスに自信があるほうだと思っていても、いざ、仕事のファッションスタイルとなると、迷いや疑問が生じるものです。

このアクセサリーはちょっとやりすぎかしら？

このスタイルでは、威圧的になりすぎるかしら？

これでは、ファッショナブルすぎる？　でも、ダサイ人と思われるのは嫌だし。

ビジネスランチやディナーでは、何を着ていけばよいの？

ひょっとしたら、おしゃれに自信のある人ほど迷うのかもしれません。そうでなければ、男性と同じように、女性はひざ丈の黒のスーツに白いシャツと決めてしまえばいいわけですから（もっとも、これではリクルートスーツですが）。

この章では、ビジネス戦略の武器としての服装術の第一ステップとして、基本的なビジネススタイルとそのルールを学びます。

基本ルールとはいえ、まだ知らなかったことがあるかもしれません。あるいは、やっぱり、私の選択は正しかったと、確信して安心する人もいるでしょう。

一方、当たり前すぎてつまらない、このとおりにしていたら、自分のセンスをアピールできない、という、〝おしゃれ番長〟もいるかもしれません。

けれども、なんであれ、基本を知らなくては、応用はない。自分らしい着こなしもありえないのです。基本がなければ、それは単に自己流でしかなく、「個性的な格好をする人だね」という以上の評価が得られるかどうか……ビジネス戦略としてはリスクが高すぎます。

基本ルールを再認識し、守・破・離の法則、まずは基本を守り、基本を破って応用し、さらには、基本を離れても支持される、自分ならではのビジネス（ビズ）スタイルを確立していきましょう。

ビジネスプロフェッショナルにふさわしい服装を身にまとうことで、間違いなく、ビジネスステージであなたはさらに魅力的に輝きます。

おのずと自信にあふれ、余裕を醸し出します。その姿は、あなたを見る人にパワーを与え、周囲に幸せをもたらします。単にビジネスに成功するだけでなく、オーラのある、憧れられる存在になれるのです。

ではまずは、ファッションセンスに自信のある人もそうでない人も、あなたのビジネスプロフェッショナルとしてのファッション常識を点検してみましょう。

SELF CHECK
セルフチェック

「あなたのビジネスファッションは何点ですか?」

1 □ 大切なビジネスシーンには、スーツまたはジャケットを着ている

2 □ スーツ、靴、バッグは紺、グレー、黒、ベージュを基本としている

3 □ スーツは、ウールまたは

ウール風のしわになりにくい素材を選んでいる

4 □ インナーは、袖がついているものを着用している

5 □ インナーはキャミソールやレース、フリル、
ラメがついているものは避けている

6 □ インナーは、襟元の深く開きすぎているものや
下着が透ける素材のものは避けている

7 □ ひらひらしたスカートや
ヒップラインの目立ちすぎるタイトスカートは避けている

8 □ スカートとパンツはビジネスシーンによって使い分けている

9 □ スカートの丈はひざ丈を基本にしている

10 □ パンツ丈は、フルレングスで短い丈は避けている

11 □ 柄は無地を基本にし、花柄や幾何学などの大柄は避けている

12 □ ストッキングは柄を避け、ナチュラル色を履いている

13 □ ジーンズ、革のジャケット、毛皮のコートは避けている

14□　靴はプレーンなパンプス。サンダルの場合は
甲とバックベルトのある靴を選んでいる
15□　エナメル、ヌバック素材や飾りの多い靴、
7センチ以上のピンヒールは避けている

採点結果
15点満点　あなたのビジネスファッションは完璧です
11点以上　あなたのビジネスファッションは良好です
10点以下　あなたのビジネスファッションはもう一歩、努力が必要です
9点以下　あなたのビジネスファッションで
仕事にリスクが生じています。即改善が必要です

いかがでしたでしょうか？　女性誌ファッションが紹介するオフィススタイルの多くがあてはまらないことに驚いている方もいるかもしれません。けれども、ただでさえ女性と男性が並べば、男性のほうが高い地位にあると判断されるのが現実のビジネス社会で、フリルや花柄のドレスでは、アルバイトと間違えられても文句は言えないでしょう。

それでは、ビジネスで成功する服装ルールとは何なのでしょうか？

成功する服装＝
形（スタイル）×色（カラー）×柄（パターン）×素材（マテリアル）

この四つの要素を意識的にマネジメントすることで、ビジネスシーンや職業、ポジションに合った成功するビジネススタイルが完成します。

これをもとに、これから、ビジネスファッションの基本ルールを理解していきましょう。

RULE 10

ビジネススタイルの基本は、性差のないスカートスーツです。

女性のビジネススタンダードな服装は、ひとことで言えば、性差のないスーツスタイルです。つまり男性と同じです。なぜなら、ビジネスステージは、性差がない場だからです。ただ、男性と異なり、ジャケット+ボトムスという組み合わせも、基本的には認められます。

ただし、ビジネスフォーマルの基本は、テーラードでシングルボタンのトラディショナルなスカートスーツとなります。

スカート丈はひざ丈で、形はストレートかセミタイトが基本です。

極端なフレアやティアードの広がったスカートはフェミニンすぎて甘く見られますので避けること。詳細なディテールは、第7章の「スカートのルール」で確認してください。

一見、おもしろみがないファッションと思われるかもしれませんが、ファッショナブルなスタイルは、一部の業界（美容、ファッション、クリエイティブな制作現場）を除き、ビジネスパーソンの服装としては認められません。

基本を忠実に守りながら、おしゃれに装う人もいますが、それはある意味、ファッショナブルなアイテムを流行に沿ってコーディネートするよりさらにむずかしく、かなり高度なファッションセンスと年季と投資を要します。

これについては、あとの章で述べますので、いまの段階ではまずは、〈外してはいけない基本ルール〉を押さえておいてください。

RULE 11

三つの代表的なビジネススーツ・スタイルただし、パンツスーツにはリスクもあります。

代表的なビジネススーツ・スタイルは、次の三種類です。

テーラードのスカートスーツ　相手に落ち着きと信頼感を与えます。
シャネル風スーツ　女性らしいソフトさが伝わります。
パンツスーツ　仕事ができそうなシャープな印象になります。

この三種類のスーツがあれば、おおむねすべてのビジネスシーンに対応できます。どのスーツスタイルを選択するかは、その日のビジネスシーンにどのような自分をアピールしたいか、どのスーツスタイルがその日のビジネスを有利に進めることができるかで判断します。

スカートスーツとパンツスーツを比較した場合、フォーマルな式典や初対面の相手には、スカートスーツをお勧めします。

一般的に、女性の場合、パンツスーツは、スカートスーツよりスポーティでカジュアルな印象になります。動きの多い職場や防寒が必要なときにはよいですが、男性に敵対心を持った印象や男性と互角にビジネスをしています、といった、やや肩に力が入りすぎた印象に見られることがあるからです。スカートスーツのほうが自然に映ります。

とくに、初対面の場合は、相手の年齢やどのような価値観を持っているかがわかりません。パンツスーツは、その後の状況を見極めてから選択したほうが良策です。

アポイントをとった担当者以外に、急遽、先方の上司や関連部署の担当者が同席することもありますから、なおさらのことです。

また、パンツスーツを選ぶ場合、タイトすぎるパンツのシルエットが、セクシーすぎて品を落とすこともあります。前述のモロイ氏によると、米国では、パンツスタイルに関してもっとも問題となるのは、男性がヒップラインにどうしても目をやってしまうことだそうです。

スーツスタイルと
イメージ

STYLE
1

落ち着きと信頼感を与える
テーラードのスカートスーツ

フォーマルな式典や
初対面の相手にもお勧め。

STYLE
2

仕事のできそうな
シャープな印象のパンツスーツ

男性に敵対心を持った印象や肩に力の入った
印象に見られることがあるので、注意が必要。
また、パンツはタイトすぎないように気をつける。

STYLE
3

女性らしい
ソフトさが伝わる
シャネル風スーツ

参考までに、その他のアイテムやスタイルについても書いておきます。
詳しくは、第7章をご覧ください。

アクセサリー

・パール、シルバー、ゴールド、ダイヤモンドで、大きさは小ぶりのもの。

靴

・黒、ダークブラウン、ベージュのカーフの三〜五センチのヒールのパンプス、つま先が隠れるバックベルトシューズ。
・七センチ以上のヒールやピンヒール、ローファー、スニーカー、ミュール、ブーツはＮＧ。

靴下

・ナチュラル色が基本。ビジネスカジュアルとしても黒タイツまで。
・網タイツ、ハイソックス、素足はＮＧ。

バッグ・鞄

・ブリーフケース、ダレスバッグ、アタッシュケース、クラッチバッグ、Ａ４の書類が入る大きさのもの。

・色はスーツの色と合わせたビジネスカラー。
・素材はカーフ。クロコなどの爬虫類はNG。

コート

・トレンチ、チェスターフィールド、ステンカラー。
・防寒用には上質なウール。毛皮はNG。

ヘアスタイル

・訪問・来客応対時は、目元・耳元・肩に髪がかからないように工夫する。

ヘアカラー

・黒、ダークブラウン。

ネイル

・上品な淡いピンク。ラメ、ラインストーン、フレンチネイル、ネイルアートはNG。

メイク

・ナチュラルメイク。
・ファッション誌に出ているような〝モテメイク〟は、基本的に目的が違うことを忘れずに。

RULE 12

スーツの色は紺とグレーが基本です。

スーツの色は紺かグレーが基本です。

紺はより信頼感を高め、存在感を増します。グレーは落ち着いた印象、人あたりのよい雰囲気を醸し出します。この二色のスーツは、よりプロフェッショナルな印象を与えます。

まず、はじめに揃えるスーツの色といえます。

同じ紺やグレーでも、濃紺やチャコールグレーのようにダークな色のスーツであれば、堂々とした威厳のある印象が伝わります。逆に、夏場に着るライトブルーやライトグレーの明るい色になると、さわやかな印象はありますが、パワフルな印象はなくなります。

男性と異なり、女性のビジネススーツの色は許容範囲が広く、ブラウン、キャメル、ベージュ、オフホワイトも、ビジネススーツの基本色の範囲に含まれます。ブラウン、サンドベージュなどのアースカラーは、紺やグレーに比べると、親しみやすく、ソフトで協力的な印象になります。

紺やグレーのスーツはオールマイティですが、男性がビジネスで着ない暖色系や淡い色をスーツに選ぶときは、ビジネスシーンや職業、立場を考えて選ぶのが賢明です。

しかし、紺やグレーのどんなにきちんとしたスーツを着ていたとしても、茶髪のヘアカラー、濃いメイクやネイルアートをした長い爪、ミュールを履いていたのでは、信頼は得られないことを頭に入れておきましょう。

RULE 13

スーツの素材はウールが基本。柄は、無地かストライプ。

スーツの素材は、年間を通してウールまたはウールライク（ウールに他の素材が混紡された）な自然素材が理想です。

夏でもサマーウールのほうが、しわになりにくく、耐久性にも優れています。夏の暑いときに着る麻やコットンは、しわになりにくい素材が混紡されていたほうが仕事に向きます。

シルク、サテンやベルベットなど、つややかな輝きのある素材はドレッシーでパーティシーンには向きますが、ビジネスでは不向きです。

また、厚手のニットやツイード、しわ加工されたもの、ラメや透ける素材も不適切です。

これらの素材は、ジャケットやインナーにも共通しています。このような素材は、残念ながら、ビジネスでは真面目な人には見えません。

厚手のツイードは無地であってもデザインによっては、有閑マダムやお受験ママっぽく見えてしまうこともあります。

そのほか、レザー素材もビジネススーツやジャケットには向きません。


次にスーツの柄ですが、基本は、無地かストライプです。

ストライプの種類は、ピンストライプ、オルタネートストライプ、ペンシルストライプ、チョークストライプがあります。

どのストライプもビジネスに向きます。

そのほか、男性のジャケット服地によく見る、グレンチェック、ヘリンボーンなどもビジネスシーンに適切なスーツの柄です。

RULE 14

ジャケットの襟の形で、印象は変わります。

同じ服地でも、上着の襟の形によって、スーツの印象ががらりと変わります。

テーラードカラーでシングルボタンは、スーツの定番ですが、ピークドラペル（とがった襟）、ショールカラー、ノーカラー、スタンドカラー、シャネル風スーツもビジネススーツに向きます。

このうち、テーラードカラーとピークドラペルの襟の形は、ビジネススーツの王道です。すっきりとしたビジネスライクなスタイルです。

テーラードカラーでも、襟幅や、三つボタンか二つボタンかによる襟の長さの違いがあり、インナーの見え方も異なります。インナーがいらないものもあります。

自分にもっとも似合う形を知っておくと、コーディネートが楽になります。

また、女性らしくソフトな印象にしたい場合は、ショールカラーがよいでしょう。反対に、きりっとシャープな印象に見せたい場合は、スタンドカラーが合います。

上品でエレガントな雰囲気を醸し出すには、ノーカラーやシャネル風スーツが向きます。

自分が目指すイメージにふさわしいスーツの襟を選択することです。

ジャケットの襟の形

テーラード

ノーカラー

ショールカラー

ピークドラペル

シャネル風

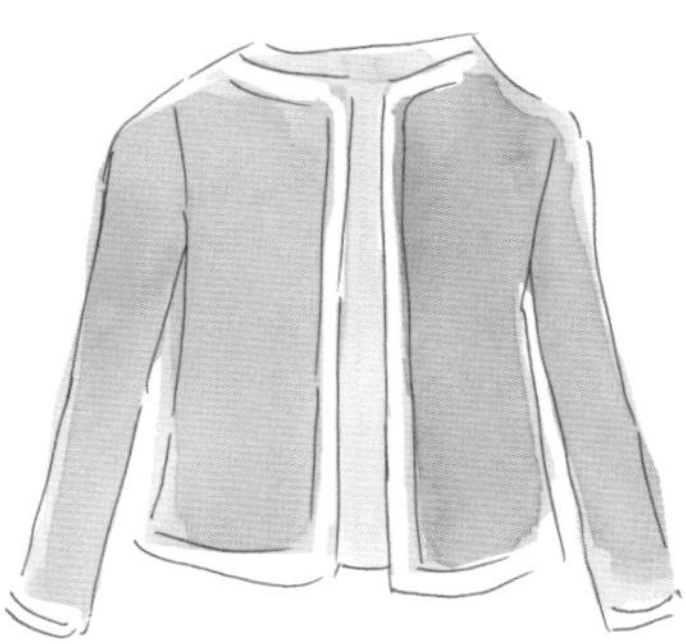

スタンドカラー

RULE 15

インナーは、白、オフホワイト、ベージュ、ペールカラーが基本。柄は、無地かストライプ柄を選びます。

スーツ下に着る、シャツ、ブラウス、カットソーなどのインナーは、ビジネスカラーを基本色にし、シンプルなデザインを選択するのがポイントです。

色は、白、オフホワイト、ベージュは、清潔感があり好感度が高まります。

紺、グレー、キャメル、ブラウンやワインレッドなどの落ち着いた色は、ビジネススーツと相性がよい色です。

その他の色を使用する場合は、ペールトーン（淡く白に近い色合い）が無難です。

スーツやジャケットなど、上着とインナーの配色基本ルールは、インナーの色は上着より明るくします。こうすると、バランスがとれて落ち着きと上品さが出ます。

たとえば、インナーの色を黒にするなど、この配色基本ルールを逆にすると、スパイスが効き、モード感が出ますが、きちんとしたフォーマルな印象からは離れることがあります。これは、第4章の職業別服装ルールで、詳しくお話しします。

また、柄は、こちらもスーツと同様、無地かストライプが基本です。男性のワイシャツと同じだと考えてよいでしょう。

小紋やペイズリーなど、男性のネクタイやポケットチーフなどにも用いられる柄は、スカーフやショールなどのファッション小物には向きますが、インナーには向きません。

RULE 16

インナーの素材は、透けないもの、厚すぎないもの。セクシーにならないデザインが基本です。

インナーの襟の形は、オープンシャツ、ラウンドネック、ボウタイブラウスが基本です。カットソーやスタンドカラーのブラウスもよいでしょう。

ただし、胸元が深く開いていないもの、タイトすぎて身体のラインを強調しすぎないものを選びます。仕事では上着を脱ぐこともありますから、ノースリーブではなく袖があるものが望ましいでしょう。

キャミソールや下着に見えるタイプ、フリル、シャーリング、大げさなドレープ、ラメやスパンコールの光りものも避けます。これらは甘すぎて、華美な印象を相手に与えてしまいます。

素材は、コットン、シルクは着心地と風合いがよいのですが、耐久性やしわを考えると、ウール、レーヨン、ポリエステル、収縮素材がブレンドされていると扱いやすくなります。

ニットは、ハイゲージの薄手のものでしたら、カジュアルになりすぎない限り許されますが、フォーマルな場では、避けたほうが無難でしょう。

NGなインナー

大げさなフリル

胸元が大きく開いているもの

キャミソール

シャーリング

RULE 17

ビジネスには、控えめな古典柄。アニマル、花柄、大胆な幾何学模様は向きません。

ショールなどのファッション小物には、ドット（水玉）、小紋、ペイズリーなどの伝統的な柄（古典柄）も用いられます。男性では、ネクタイやポケットチーフ、スカーフなどに用いられます。

同じ柄でも、色、素材、柄の大きさ、幅によって印象が異なります。

柄が小さく無地に近づくとビジネスフォーマルな印象に、古典柄でも柄が大きくなると、カジュアルあるいは派手な印象になります。

柄には、それぞれの柄が本来持つ意味とイメージがあります。柄が与えるメッセージを理解しておくと、自分のイメージに一貫性を持たせることができ戦略的な服装になります。

ビジネスシーンに合わせて選択するとよいでしょう。

一方、ビジネスシーンには合わない柄もあります。たとえば、ヒョウ柄に代表されるアニマルプリント、大きな幾何学柄、ファミニンな花柄です。これらの柄は、男性のネクタイ柄にも共通していますが、気心が知れていないビジネス相手には、危険柄です。とくに、ヒョウ柄などのアニマルプリントは動物の好き嫌いがあり、仕事には向きません。相手には柄の印象ばかりが記憶に残ります。また、大きな幾何学柄は個性的ですが、大げさで目立ちすぎることがあります。

もし、個性を出したいシーンであれば、スカーフ柄に部分的に取り入れるとよいでしょう。いざとなれば、スカーフは、取り外すことができます。

そして、フェミニンな花柄は、家庭的で愛らしい雰囲気はありますが、甘えた印象でプロフェッショナルには見えません。

このような柄は、シーズンのトレンド柄としてファッション誌でよく取り上げられますが、いずれの柄もファッショントレンドを重視する業界を除いては、ビジネスではリスクを伴う柄といえます。プライベートタイムに大いに楽しんだほうが賢明です。

それでは、ビジネスシーンに使える柄、無地および古典柄（伝統柄）についてご紹介します。

無地

無地は、色が持つカラーメッセージをダイレクトに表現します。また、すっきりと洗練した印象を与え、きちんとしたフォーマル感も伝わります。スーツ、ジャケット、ブラウス、インナーに向いています。

ストライプ

男性のネクタイ柄で知られているとおり、もともとはイギリスの連隊旗から発生しているため、戦うイメージがいちばん強い柄です。

スーツやシャツにストライプを取り入れると、さっそうとした躍動感を相手にイメージさせます。積極的にアピールするプレゼンなどのビジネスシーンに向きます。

チェック

グレンチェック、ピンチェック、千鳥格子、ウインドウペーン（窓枠のような柄）など、それぞれのチェック柄に国や地方独特の特徴が出ます。ストライプに比べて、気どらず親しみやすい柄です。スーツより、ジャケットとして着ることをお勧めします。ブラウスの柄に取り入れる場合も、細かいチェック柄がビジネスに向きます。

小紋

小紋は、四角や菱型など、小さな柄を組み合わせ点在させたパターン柄のことで、安定感や落ち着いた印象を与えます。スカーフなどの小物に向きます。

水玉（ドット）

エレガントな印象で、通常のビジネスから社交の場まで、どちらにも向く柄です。ほとんど無地に見えるピンドットに限り、スーツやジャケットに向きます。ブラウスには小さめのドット柄は上品ですが、コインドットのように柄が大きくなるとカジュアル感が前に出て、ビジネスには不向きです。

ペイズリー

もともとはスコットランドの地名で、インド、カシミール地方のカシミア・ショールに使われていた伝統模様です。優美でソフト、オリエンタルな印象があります。スカーフ、ショールには向きますが、スーツやジャケットには向きません。

ビジネスには、控えめな古典柄

ストライプのジャケット

颯爽とした躍動感をイメージさせるので、プレゼンなどのシーンに適しています。

チェック

気どらず親しみやすい。スーツよりジャケットがおすすめ。

ストライプ

颯爽とした躍動感。プレゼンなどにも適している。

無地

すっきりと洗練された印象。フォーマル感が伝わる。

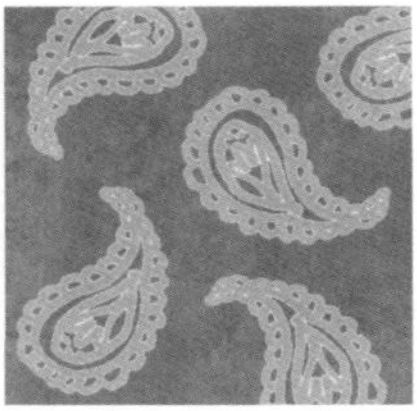

ペイズリー

優美でソフト。スーツやジャケットには不向き。

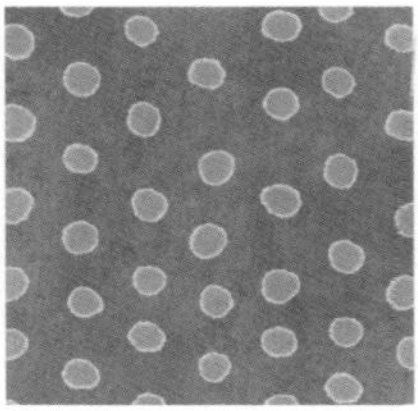

水玉（ドット）

エレガントな印象。ビジネスから社交まで幅広く使える。

小紋

安定感や落ち着いた印象。スカーフの柄に向く。

RULE 18

ビジネスシーンには向かない服装かどうかは、男性がそのスタイルをするかどうか、で判断します。

「この服装はビジネスシーンにふさわしいかどうか」と迷ったときは、男性がそのスタイルをしているかどうかを考えてみればよいでしょう。

たとえば、ビジネスシーンでピンクやオレンジのスーツはよいか、レースやフリルの多いシャツブラウスはよいか、革のジャケット、毛皮、下着のように見えるレースのついたキャミソールはよいか、デコルテ（胸元）が広く開いたインナーはよいか、タンクトップの重ね着はよいか、素足でもよいかなどなど、よく聞かれる質問です。

けれども、ビジネスでは、先述のように、性差のないスタイルを基本としますから、男性のビジネスファッションと比較してみれば、すべてノーであることが理解できます。

それでは、女性の個性が生かされないなどと、不満に思ったり、心配をする人がいるかもしれませんが、調査をすると、残念ながら、一部の業界を除く一般のビジネスでは、女性をアピールした服装に、よい結果は出ません。むしろ、自分をマネジメントできない人、ビジネスに未熟な人と思われてしまいます。

そのほか、厚手で大ぶりなセーター、身体にぴたりと巻きつくセクシーな服やスリットの深い服、柄が大きな服は、仕事の場では嫌われます。

つまり、女性の間では「可愛い、セクシー、オシャレ」とファッション誌でもてはやされる服とビジネスプロフェッショナルの服は異なるのです。

あまりにもファッショナブルな服装をしていると、仕事に集中していない人、軽薄な人と勘違いされ軽く見られて、ありがたくないお誘いを受けるはめにもなります。ほとんどの場合、ビジネスの場では損をします。

RULE 19

ビジネスシーンの三大危険アイテム！ミニスカート、レギンス、柄タイツはNG

ワースト1 ミニスカート

ビジネスシーンの危険アイテム、堂々の一位は、ミニスカートです。コンサバティブな色や形であっても厳禁です。

かつて、ある大学の女性リーダー研修コースを担当したとき、なぜ急遽、私に講師依頼があったのかをたずねました。すると、担当者によれば、前任者について、講義内容に不満はなかったものの、打ち合わせ時に講師が履いていたミニスカートが原因でその後はお断りすることになったというのです。

私も、その打ち合わせが行われた、よくある応接用の低いソファーに通されました。すると、ソファーが深く沈み、ひざ丈まであるスカートを履いていても、スカートがかなり持ち上がりました。スカートの服地によっても異なりますが、短めのスカート丈の場合、足元があらわになり、相手からは、ミニスカートに見えていることが判明しました。

ちなみに、その研修コースは、年に六回以上開催される大学のコースだけに、ミニスカートが原因で仕事を失った講師にとっては、相当大きな仕事の損失になったはずです。

ワースト2 チュニック、レギンス

よく職場で、チュニック（緩やかでふんわりとした短めのワンピース）とその下にレギンス（足首までのタイツ）を組み合わせているスタイルを見かけます。

このスタイルは、二〇〇八年以降、ファッショナブルなスタイルとして流行りましたが、流行ったといっても、ファッションスタッフ、フリーランスのファッション関連のアトリエスタッフ、ファッション関連の職業、それを売る販売スタッフなど、ごく限られた世界でのファッションスタイルです。

マタニティスタイルとしては許されるかもしれませんが、通常のオフィスにはカジュアルすぎて不向きです。

防寒が必要な場合には、レギンスよりむしろ、デニールが高い、黒無地のタイツやストッキングを選ぶことをお勧めします。

ついでに、ロングスカートは、足の動きが悪くなり、ビジネスには邪魔になります。

ワースト3 柄タイツ

柄物や網タイツはセクシーすぎてビジネスには向きません。

ハイソックスも同様です。男性が紳士のマナーとして、長めのロングホーズと言われるハイソックスを履くのはむしろよいのですが、女性がスカートの下にハイソックスを履くのは、女学生ルックのように映り、ビジネスプロフェッショナルには映りません。防寒が目的の場合は、黒無地タイツのほうがビジネスに向きます。


一般的に、日本人女性のファッションは、海外の人から、みな同じように見えて、個性がない、と言われます。

それは、「自分、場所、相手」に合うか、という判断基準より、ファッショントレンドを優先し、ある意味、流行に左右されたファッションに身を包んでいる傾向にあるからでしょう。残念ながら、このようなファッションスタイルは、ビジネスの場では軽薄に見えて信頼されるイメージから遠ざかります。

ビジネススタイルにかかわらず、すべてのファッションに共通していることは、ファッションントレンドを上手に取り入れるのはよいとしても、トレンドに流された服装は、画一的に見えて、かえって個性のないスタイルになってしまう、ということです。

ビジネスには、控えめな古典柄

ミニ丈のスーツ

チュニックにレギンス

花柄アイテム

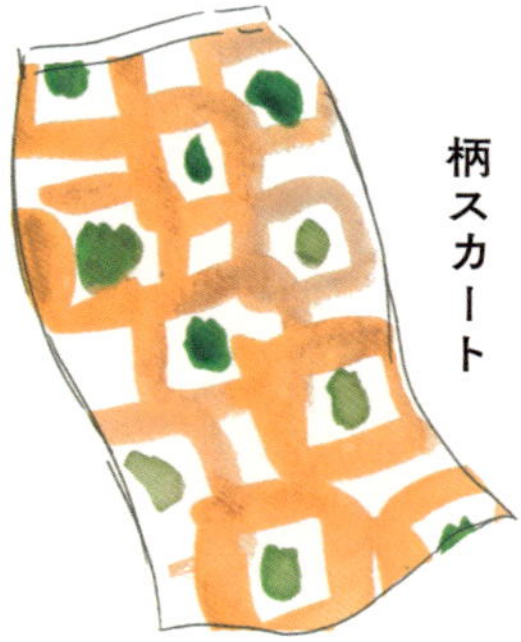

柄スカート

ヒョウ柄バッグ

バレエシューズ

柄タイツ、
オープントゥのサンダル

RULE 20

ワンピースには、ビジネスに向くワンピースと向かないワンピースがあります。

女性の多くはワンピースを愛しています。

ワンピースには主に三つのタイプがあります。肩や胸の開いたリゾートタイプ、ふだん着のようなラクでふんわりとしたリラックスできるカジュアルタイプ、そして、オフィスでも通用するクラシックでコンサバティブなビジネスタイプのワンピースです。

言うまでもなく、最初の二つのワンピーススタイルはビジネスシーンには不向きですが、共布でジャケットとシンプルなワンピースを組み合わせたワンピース・スーツは、フォーマルなビジネスシーンには向きます。

しかし、ワンピースにはやはり、夫を支える妻、仕事を持たない女性など、夫人や補佐役で、守られているイメージ、あるいは独立していない女性のイメージがあります。おしゃれ着としてはよいですが、通常のビジネスシーンには向かない、と思っていたほうがよいでしょう。

ただし、ワンピースの持つ、そうしたメッセージ性を逆手にとって、受動的な女性らしさを利用したほうがよい交渉の場面、ビジネスを前面に出さないほうがよい社交の場面、自分の考えを主張しない、相手に威圧感を与えないようにしたいシーンでは、あえてワンピースを選ぶという戦略もありえます。

ワンピースには、ビジネスシーンに向くものと向かないものがあります

OKなワンピース

クラシックで
コンサバティブなタイプ
ビジネスライクな
シャツタイプ

NGなワンピース
リゾートタイプ
カジュアルタイプ

RULE 21

男性と女性では、服装に対する視点が大きく異なります。男性視点での判断が必要です。

ビジネスファッションについては、女性からの視点と男性からの視点とは異なっていることに注目すべきです。前述のジョン・T・モロイ氏は調査の中で、次のような結果を出しています。

ある雑誌の女性ライターは、記事でペールピンクのスーツを絶賛していました。カッティングはコンサバティブ、デザインはトラディショナル、彼女によれば、それはすばらしい服だということです。その写真をビジネスウーマンに見せると、大多数がそのスーツはビジネスにもふさわしいと答えました。

ところが、男性に見せると九三%の人が、この女性はきちんとしたビジネスパーソンではないと言ったそうです。

もちろん、業種・業界にもよりますが、この色のスーツは、すべての職種に向くとは言えません。男性がビジネスで着るスーツの色でない場合、その色は、男性にはなかなか受け入れられないのです。

ビジネスには、最初にお話ししたように、「性差のないスタイル」が基本です。女性だけが着る服の色やデザインは、ビジネススーツには向かないのです。

職場のファッションに限らず、男性は一般的に、シンプルなデザインやシルエット、色は男性の嗜好色である紺かグレー、寒色系を好み、控えめで清楚な雰囲気のある服装を好む傾向にあります。とくに、初対面の場合、より強くその傾向が現れます。

これはプライベートの場面でも同様で、私が個人コンサルティングの中で見いだした結論は、花柄やフリル、胸元が深く開いたドレスなど、女性らしさを強調したスタイルも、反対に、ストライプのパンツスーツに、太いフレームのメガネなど、バリバリのキャリアウーマン風のスタイルも、ともに、初デートで失敗しがちだということです。どちらも、男性が引いてしまうのです。少なくとも、日本男性はそうです。

まさに、服装は、その人の経験やマーケティングの熟練度を反映しているのです。

RULE 22

雑誌やサイトのオフィスファッションに惑わされてはいけません。

単におしゃれ好きの女の子、と相手に感じさせる服装は、ビジネスではマイナスです。ファッション雑誌やサイトに掲載されているトレンド満載のオフィスファッションに惑わされないようにしましょう。

動くたびに目がとまる、揺れ感が大きいフレアスカートや裾が広がったふんわりスカートは、ともすると、男性の目を意識して媚びているように周囲に映ります。

ジラフ、ヒョウ、ゼブラなどのアニマルプリントは女性には人気がありますが、ビジネスシーンからかけ離れたイメージで違和感を覚えます。また、一般的に、男性が苦手とする柄で、男女ともに好みが大きく分かれます。

個性が強いプリント柄は、柄の印象が着ている人の印象にすりかえられ、自分自身の存在が薄れてしまいます。

フェミニンな花柄は、幼い少女のようで頼りなく見えます。また、ストール風カーディガンや袖や身頃がゆったりとしたドルマンスリーブなど、ルーズなニットは、着こなし方やデザインによって、だらしなく気が緩んだ印象になります。

ビジネススーツやジャケットに合わせるパンツは、ジーンズのような目の粗い素材は、カジュアルすぎて相手に失礼になります。目のつんだなめらかな素材を選びましょう。パンツは夏でもくるぶしまでのフルレングスが基本で、センタークリース（折り目）があるタイプはきちんとした印象になります。ストレッチ素材で太ももやおしりのラインがはっきりと出すぎるパンツは、下着やタイツのようでカジュアルなスタイルに見えてしまいます。

ビジネススーツは、リクルートスーツのように、定型化された個性のないスタイルではありません。かと言って、トレンドを追いすぎた軽く見られるスーツでもないのです。より多くのビジネス相手に受け入れられ信頼される服装、つまり、安心感、気配り、知性、教養など、働く女性の品格が伝わることが大切です。

雑誌やサイトのオフィスファッションに惑わされてはいけません。

STYLE
1

ドルマンスリーブ

着こなしやデザインに
よっては、だらしなく
気が緩んだ印象になる。

STYLE
2

ハーフパンツ

フルレングスが基本。
ハーフパンツは、
カジュアルな
イメージを与える。

STYLE
3

柄物

アニマルプリントは、
ビジネスでは違和感。
柄の印象が強すぎる危険性も。

STYLE
4

ふんわりスカート

揺れ感の大きいスカートは、
男性の目を意識して
媚びているように映る。

RULE 23

ショッピングのルール。単品で買わないこと。スーツ、もしくは、ジャケットとボトムス、インナーを揃えて買います。

女性のワードローブ・コンサルティングを通して判明したことは、じつにたくさんの服のアイテムをお持ちなのにもかかわらず、きちんとしたビジネススーツをほとんど持っていないことです。

彼女たちのクローゼットをのぞいてみると、そのときどきに流行したラインや丈の長さ、トレンドの色柄のブラウス、スカートやパンツがひしめき合っています。しかも、それぞれの服のイメージがばらばらで、メッセージがはっきりしないのです。

なぜか女性は、トータルでコーディネートして服を揃えるのではなく、単品で買う傾向があり、仕事の中で自分の評価や将来を大きく左右する、勝負できるビジネススーツを持っていないのです。

仮にあったとしても、ずいぶん前の懐かしすぎる就活スーツ、あるいは、お気に入りのお出かけ服のフェミニンすぎるスーツの両極端です。

そこでまずは、ビジネスファッション・スタイルの基本であるスーツから揃えることをお勧めします。スーツは将来への自己投資と考え、自分に合うスーツをじっくりと探してください。

もし、ジャケットが単品しかない場合には、必ず、それに合うスカートかパンツを探し、セットアップにしておくことです。できれば、同じ服のブランドやメーカーで揃えます。同じシーズンであれば、組み合わせが可能なジャケットにマッチする色や素材のものが見つかるはずです。上下合わせておくと、コーディネートが見違えるほど楽になります。

絶対にしてはいけないことは、いままで着ていた服と無理やり組み合わせることです。よほどのビジネスファッション熟練者でない限り、いままでと何も変わりません。

RULE 24

ワードローブの基本ルール。「1＋2＋3＝8の法則」が毎日のコーディネートを楽にします。

まず、基本のワードローブとして、スーツを一着購入するときの

〈1＋2＋3＝8の法則〉

を覚えておいてください。

たとえば、一着のスーツを買ったら（オーダーしたら）、そのスーツに合う二枚のインナーを選びます。

そして、イメージチェンジできる、三つの小物などのアイテム（アクセサリー、ベルト、

スカーフなどの小物、あるいは、ボトムスまたはスカートなど）を揃えます。

すると簡単に、八パターンの組み合わせができます。

もちろん、上着なしを入れれば、さらに、コーディネートの数は増えます。

一度にすべて買い揃えるのはたいへんですから、春夏、秋冬の二回のシーズンに分けて、計画的に揃えるようにしていきましょう。

RULE 25

コーディネートの基本は、自分に似合うブランドを絞り込むこと。

もうひとつ重要なことは、自分に似合う服のブランドを絞り込んでおくことです。

女性はそもそもお買い物好きで、いろいろな服を着てみたいという願望が強く、その結果、あまりにもたくさんのブランドが混在してしまいがちです。

けれども、服は、デザイナーの持つテイストや、アメリカ、イギリス、イタリア、フランスなど、それぞれの国が持つ気質がマテリアルやデザインに反映していますので、複数のブランドをミックスしないほうが得策です。

ここは、思い切って服のブランドを統一することをお勧めします。

あまりに多くのブランドの服を選択すると、それぞれのブランドが持つブランドイメージやターゲット、テイストが異なり、ちぐはぐな印象になります。結果的に、一貫性がなく、服と着る人とのイメージが一致しなくなります。服のアイテム同士が喧嘩し合い、それぞれが主張し、全体の服のバランスが崩れてしまうのです。

たとえば、スーツやジャケット、インナー、パンツなど、ひとつのブランドで揃えるのがベストです。ブランドをミックスする場合は、似た雰囲気のブランドを多くても二種類までにすることです。そうすれば、一貫したイメージが保たれます。

これは、スカーフ、アクセサリー、バッグ、靴などにも言えます。さまざまなブランドロゴやイメージが散らばっていては、趣味の悪い人、軽薄な人に映ります。

実は、成功している人は、このあたりをうまくマネジメントしています。スーツのブランドはもちろん、靴、名刺入れ、ペンや手帳に至るまで、すべて自分に合うブランドを長い年月をかけて選んでいます。だからこそ自信に満ちて、イメージにブレがなく、さりげなく醸し出す雰囲気に人を引き寄せるオーラがあるのです。

ビジネススーツを探すうえで、参考になる主なブランドを、価格帯、キャリア別にご紹介しておきます。

iCB、**アンタイトル**、**インディヴィ**、**23区**、**ニューヨーカー**、**ナチュラルビューティベーシック**、**バナナリパブリック**などのブランドは、スーツやセットアップで三万円から五万円台くらいの価格帯で、最初のビジネススーツとしてお勧めです。

キャリアを感じさせるブランドは、**wb**、**MOGA**、**ブルックス・ブラザーズ**、**セオリー**、**カルバン・クライン**、**トゥモローランド**、**ユナイテッドアローズ**など。上下の組み合わせで五、六万円くらいからあります。また、百貨店やテーラーなどでは、セミオーダースーツも同じ価格帯で、生地とデザインを選んで仕立てることができます。

七万円から十万円以上になると、上質なインポートのファブリックで、風合いのよい本格派スーツが揃います。**ポール・スチュアート**、**フィロディセタ**、**マックス・マーラ**、**アルマーニ・コレツィオーニ**、**ポロ・ラルフローレン**、**バーバリー**や**エストネーション**、**バーニーズ**などのオリジナルブランドがあります。

一五万円から二〇万円台では、仕立てがよく細部のお直しが可能で、フルオーダースーツと変わらないくらいのジャストフィットの、エグゼクティブにふさわしいスーツが手に入ります。**ジョルジオ・アルマーニ**、**フェラガモ**、**ダナ・キャラン**、**ランバン**などのブランドで、ハリウッド映画の中に登場する女性エグゼクティブがエレガントに着こなす、いつかは着てみたいスーツです。

ショップの店頭には、すぐに目につくシーズンもののトレンドファッションがショーウィンドウを飾り、定番ビジネススーツは、並んでいないことがよくあります。ですが、バックヤードには必ずありますので、ショップスタッフにたずねてみましょう。

RULE 26

てっとり早くお手本を探すなら、ニュースキャスターの服装にヒントがあります。

忙しい毎日、ウィンドウショッピングをする時間もなく、クールなキャリアウーマンが登場するドラマや映画を探し、じっくりと見る時間もなかなかできないのが現実です。

てっとり早く服装のヒントを得るにはどうしたらいいのでしょうか?

そこで、よい方法をひとつご提案します。それは、ビジネスパーソンが主に視聴者となっているビジネス系ニュースキャスターの服装を参考にしてみることです。

なぜなら、あらゆるニュースキャスターは、視聴率を上げるためにも、担当するニュース番組の視聴者に合わせて、好印象を与える服装をつねに考えているからです。

たとえば参考までに、ビジネス系ニュース番組に登場する小谷真生子さんは、基本のビジネスファッションにほぼ忠実なスタイルです。また、安藤優子さんは、よりキャリアを感じさせるビジネススタイルです。

仕事に即役立つ話題のニュースに耳を傾けながら、ビジネスファッションにも目を向けてみると、明日着ていく服装のヒントが見つかり一石二鳥かもしれません。

ただし、同じニュースキャスターでも担当番組が変われば、当然、服装が変わりますので、ニュースキャスター個人にフォーカスしすぎないことが肝心です。

バラエティや主婦向けの朝の番組、スポーツニュース、お天気情報はもちろんのこと、硬いニュース番組でも、メインキャスターである男性のアシスタントのような位置づけのキャスターは、ビジネスファッションのヒントを見つけるのには、役立ちません。

CHAPTER

3

シーン別
ビジネスファッション・
ルール

RULE 27

ビジネススタイルは、TPOの3乗で決めます。

ビジネスシーンに合う服装をどのように考えればよいのでしょうか?

現在のように多様化するビジネス環境においては、いままで言われていたTPO（Time Place Occasion）だけでは、なかなか解決されません。

そこで、「TPOの3乗」でビジネススタイルを決めていくことをお勧めします。

きっと、その日にいちばんベストな服装のヒントが生まれてきます。


〈TPOの3乗〉

Time　**時間はどの時間帯か**

Trend 流行をどこに取り入れるか
Trade 業界・業種は何か

Place 場所はどこか
Position 地位、役職は何か
Performance 費用対効果を考えてどのくらい投資するか

Occasion どのような場面か（商談・契約・プレゼン）
Opportunity どのような機会か（初対面、ビッグチャンス）
Originality 自分らしさが伝わるか

この章では、このうち、OccasionとOpportunityを中心に、代表的なビジネスシーンでの服装についてお話しします。

RULE 28

キャリアアップのための面接は、志望先の会社の社員や幹部の服装を研究してから臨みます。

新卒採用の面接には日本固有のリクルートスーツがありますが、キャリアアップのための面接の服装、となると考え込む人が多いのではないでしょうか。

就職に関するある調査によると、女性が服装のせいで不採用になる数は、男性の三倍、とのことです。

コンサバティブな業界の面接では、テーラードに代表されるトラディショナルな濃紺スーツの右に出るものはありません。

ファッション、美容、広告、クリエイティブなど、個性やセンスが求められる業界では、スタイリッシュなスーツやアクセサリーを少し添えた服装が効果的といえます。

しかし、いずれにしても、行きすぎた格好では、よい結果は得られません。採用の面接には、個性もさることながら、組織への柔軟な対応力、社会人としての常識が問われるからです。

そこで、面談の服装選びのポイントは、三つあります。

1　その会社の社風やドレスコードを知ること
2　そこの社員の多くがどのような服装をしているかを知ること
3　会社のトップや幹部はどのような服装をしているかを知ること

これらをよく観察し、相手に違和感を感じさせず、好感を持ってもらえる服装を研究して、万全の態勢で臨みたいものです。

RULE 29

プレゼンでは、ダークカラーやストライプなど、シャープな服装が効果的です。

以前、外資系のコンサルティング会社に勤める三十代の女性が憤慨して話すのを聞きました。大事なプレゼンの日、後輩の女性が白のミニスカートのスーツでやってきたと。ただでさえ、まだまだ女性軽視のビジネス社会。女性としては好感を得たかもしれないが、そんな理由で、億単位の契約を決める会社はない！　そのせいかどうかはともかく、そのコンペは、ライバルに奪われたという話でした。

あらたまったプレゼンであれば、濃紺、グレー、ベージュなどのビジネスカラーのスーツが基本です。ストライプが入っているスーツなど、シャープな襟の形やコントラスト感のある色づかい、どこかに躍動感があると、プレゼンに力強さが増します。

また、堂々とした雰囲気を与えたいのであれば、ダークカラーのスーツやジャケットがお勧めです。

直線ラインのテーラードカラー、Vネックのインナー、太めのストライプが入ったオープンシャツも冴えた印象で効果的です。

紺やグレーのスーツに赤系のオープンシャツはパワフルな印象を与えます。

RULE 30

謝罪では、相手を刺激しないことを第一に、持っている中でいちばん地味に見えるスーツを選びます。

知人の、とある評論家の方から伺った話ですが、彼が関係していたイベントの開催について、ちょっとした手違いがあり、担当者が謝罪に来たことがあったそうです。彼が言うには、謝罪を受けてかえって不快になったと。というのも、その担当者が、いつもと同様の、ノータイのブレザーとパンツのスタイルで来たから、と言うのです。業界柄、ふだんから互いにビジネススーツで打ち合わせるようなことはなく、カジュアルなスタイルだったそうですが、それでも、謝罪の際は、スーツにネクタイが基本だろう、と言うのです。

ましてや一般のビジネス社会なら、やはり、男性のスーツにネクタイに準じるフォーマルな服装で謝罪に伺うべきです。相手が取引先であっても、消費者の方であっても同様です。

フォーマルといっても華美になってはいけません。謝罪には、持っているスーツの中で、いちばん地味に見えるスーツが適しています。

色柄を抑えて、遊びのないトラディショナルな無地の濃紺のスカートスーツを選択し、誠実さを伝えます。赤系の暖色やアクセサリーはすべて避けます。

ヘアスタイルはきちんとまとめ、ネイルはとるか、透明にします。

服装や身だしなみが原因で、二次クレームを引き起こさないようにすることです。デリケートなときですから、不満やクレームを対応者の服装や身だしなみにすり替えられてしまうことがあるからです。

相手を刺激しない服装を心がけましょう。

RULE 31

ビジネスランチは、上質でスタイリッシュなスーツで印象づけます。ビジネスディナーは、アクセサリーを上手に使ってグレード感を演出します。

上司や大切なクライアントとのビジネスランチの日であれば、持っているビジネススーツの中で上質でスタイリッシュなスーツを選びましょう。相手は、ふだんのあなたの服装は忘れても、そういうときの服装はよく覚えているものです。

また、きちんとした服装であれば、よい席に案内されるはずです。レストランの美しい装飾になるのはもちろんのこと、迎えるレストラン側に対するマナーでもあるからです。

急なビジネスランチのお誘いには、ジャケットを着用することをお勧めします。

ディナーの場合は、ビジネスランチ同様、上質でスタイリッシュなスーツであれば問題ありません。

わざわざ着替えるほどではありませんが、グレード感のあるレストランの場合には、ブローチやネックレスなど、アクセサリーをプラスするとよいでしょう。パールやダイヤモンド、ゴールドやシルバーなど華美にならない上品なアクセサリーで演出すると、心のゆとりを持つことができ、会話も弾みます。

そのほか、靴は手入れの行き届いたものを選んでおきます。個室や和食の場合、靴を脱ぐことがあるからです。濃いペディキュアは派手な印象を与えますので気をつけておくべきポイントです。

昼間の疲れが見えないようメイクを整えて、レストランで顔が沈んで見えないようにします。

RULE 32

ビジネスパーティの案内の「平服でお越しください」の「平服」は、「ふだん着」のことではありません。

記念パーティ、祝賀パーティ、レセプション、発表会、展示会、イベントなど、さまざまなビジネスパーティがあります。

ビジネスディナーと同じレベルの服装でよい場合と、招待状にドレスコードが記載されているフォーマルな場合があります。たとえば、「スマートカジュアル」「平服でお越しください」「カクテルドレス、ダークスーツ」「ブラックタイ」などです。

これらが書いてあると、とたんに「何を着ていったらいいんだろう」と困ってしまう人がいますが、そもそも「ドレスコード」とは服装規準のことであり、さまざまな習慣や文化的背景を持った人々が、互いに不要な誤解を招いたり、恥をかいたりしないためにつくられたルールです。明治時代に英国から導入されたと言われています。

一般のビジネスパーティでもっとも多いのが、「平服でお越しください」のドレスコードです。これは、「フォーマルウェアでなくても結構です」という意味で、ふだん着でお越しください、ということではありません。

平凡な濃紺やグレーのビジネススーツだけでは、パーティに行って気後れするばかりか、主催者側に礼を欠くことになります。教養を試され、ビジネスキャリアの差が大きく表れるときでもあります。

では、何を着ていったらいいのか、ということですが、ウール素材や透けすぎないマイルドな輝きのデシン素材の、エレガントでシンプルなデザインのワンピースは、ビジネスパーティに向くアイテムです。

これらの素材はしわにも強いので、出張時や訪問先からパーティに出席する場合など、着替えができないときでも、ビジネスジャケットを脱ぎ、薄手のシルクのショールやパールのネックレスやイヤリング、長めのネックレスなどを添えればドレスアップできます。

また、ダークブルー、ブラック、ワインレッド、オフホワイトなど服地に凝ったドレススーツは華やかな印象になります。

どのような立場で出席するかによってふさわしい服装を考えます。

また、スタイリッシュなスーツに、上品な艶のあるシルク、一部にサテンやベルベットをあしらったデザインのブラウスなどを組み合わせるのもよいでしょう。大ぶりの輝きのあるブローチを襟元に添えるだけで、たちまちパーティらしくなります。

パンツスーツの場合は、スポーティな感じがするスーツは避け、しなやかさのある服地で上品なパンツスーツが向きます。

バッグは小ぶりのハンドバッグ、靴はスーツやワンピースにマッチするシンプルなパンプスかバックベルトのサンダルなど、手入れの行き届いた上質な靴を選びましょう。いずれも色は、ドレスの色に合うビジネスカラーから選びます。

ビジネスパーティのドレスコード

「平服でお越しください」の場合

ワンピースにジャケット、パールのネックレス

エレガントでシンプルなワンピースにストール、長めのネックレス

ジャケットに大ぶりで輝きのあるブローチを添えて

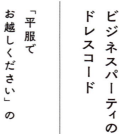

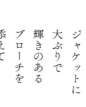

RULE 33

ドレスコードに、「ダークスーツ」とあれば、リトルブラックドレス、「ブラックタイ」とあれば、露出の少ないフルレングスのドレスを。

「カクテルドレス、ダークスーツ」のドレスコードが記載されている場合は、先述した服装より、一段フォーマルになります。

黒一色で装飾の少ないひざ丈からミディ丈ぐらいまでのドレス、いわゆるリトルブラックドレスを一着持っているとたいへん重宝します。素材はシルクで艶やかなドレスであれば完璧ですが、シルクに見える良質な服地であれば、シルクでなくてもかまいません。

ひとくちに、リトルブラックドレスといっても、さまざまなデザインのタイプがありますが、とくに、ビジネスパーティに向くリトルブラックドレスは、脇、肩や背中などの露出が少なくひざ丈のシンプルなデザインのものが最適です。身体のラインがはっきりと出すぎるデザインやミニは避けましょう。

このほか、ビーズづかいや織りの凝ったディナージャケットも、カクテルドレスのドレスコードの場に適します。ひとつ持っていると、重宝するでしょう。

これに対し、「ブラックタイ」の場合には、フルレングスのドレスがマッチします。基本は黒ですが、ゴールドベージュ、シルバーグレーなど落ち着いた雰囲気のドレスもよいでしょう。

ビジネスパーティの場合は、肌の露出が少ないドレスか、ドレスに合うお揃いの上着かボレロがあるイブニングドレスのほうがよいでしょう。結婚式の二次会でよく見られるようなフェミニンなドレス、ダンスパーティやセレブリティのパーティのように肌の露出や輝きの強いセクシーなドレスは、ビジネスパーティには向きません。

なお、和服で格式の高いパーティに参列する場合には、色留袖、訪問着、色無地の紋付が一般的です。それぞれパーティの趣向や雰囲気によっても異なりますので、主催者側に確認するとよいでしょう。

RULE 34

「ダークスーツ」「ブラックタイ」の場合の靴とバッグは、どんなに高級でも皮革は避けます。

ドレスコードが「ダークスーツ」「ブラックタイ」の場合の靴は、やや高めの七センチ、細めのヒールがよいでしょう。ドレスをよりエレガントに見せるからです。

色は黒が基本で、ゴールドやシルバー、ビジューなど輝きのある飾りがついたパンプス、バックベルトのあるサンダルがマッチします。サテンやエナメル、冬の時期はベルベット素材もシックです。

オペラなどの観劇の場合は、甲があり、靴音がしないタイプが望ましいといえます。いずれの場合も、ミュールは避けましょう。

パーティバッグの素材は、ヌバック、サテン、エナメル、ビーズ、ビジューのついたタイプが向きます。色は黒が基本です。

アクセサリーは、二連または三連パール、長めのネックレス、輝きのあるブローチやしなやかなショールをあしらって、華やかにするのもよいでしょう。

いくら高価なブランドバッグでも皮革は不向きです。書類が入っているビジネスバッグや大きな荷物はクロークに預け、パーティバッグに最低限必要なものだけ入れるようにしましょう。

このときとばかりに、カーフやクロコダイルなどのブランドバッグをパーティに持ち込む人がいますが、これらのドレスコードには合いません。素材と大きさに注意が必要です。

ビジネスパーティーのドレスコード

「カクテルドレス、ダークスーツ」の場合

リトルブラックドレス

ビーズのディナージャケット

「ブラックタイ」の場合

フルレングスのソワレとボレロ

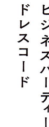

「ダークスーツ」と「ブラックタイ」の場合の靴とバッグ、アクセサリー

OK

2連のパール
サテンのバッグ
バックストラップ&サテンの靴
ビーズのバッグ

NG

どんなに高級でも皮革のバッグはNG

RULE 35

式典など、ビジネスフォーマルな場では、濃紺のスカートスーツにシルクの白のブラウス、ナチュラルストッキングに黒のパンプス。

入社式、表彰式、株主総会など、式典での服装は、ビジネスフォーマルなスタイルが基本です。

無地または無地に見える濃紺のスカートスーツに白のブラウス、オープンシャツ、ボウのブラウスなどを組み合わせます。

アクセサリーをつける場合は、冠婚葬祭用の七ミリパールでよいでしょう。また、パールをあしらった上品な小さめのブローチは許容範囲です。

シンプルな黒のパンプス、ナチュラルストッキングが基本です。

式典など、ビジネスフォーマル

濃紺のスカートスーツに
シルクの白ブラウス、
ナチュラルストッキングに
黒のパンプス

RULE 36

初対面や商談では、夏でも、ジャケットがマスト。役職の証明となります。

初対面のお客さまや大切な商談時には、スーツが基本です。ビジネスカジュアルのドレスコードでもジャケット着用は初対面でのマナーです。とくに、マネージャークラスであれば、なおさらのこと、ジャケットはマストアイテムです。

前出のモロイ氏によると、アメリカの調査では、九三%のビジネスマン、九四%のビジネスウーマンが「ジャケットを着ている女性は、ジャケットを着ていない女性より上のポストにいる」と判断することがわかっています。

また、初対面の場合、ワンピースを着ていると、たとえそれがコンサバティブなビジネスにふさわしい印象を与えるワンピースだったとしても、過半数の人は、彼女をビジネスプロフェッショナルだとは認めなかったそうです。

ただし、同じワンピースの上にジャケットを羽織ると、パワフルで堂々とした有能な女性だと思う人が倍増するそうです。ともかく、ジャケットが重要なのです。

そういえば、数年前、シカゴから来たあるアメリカ人女性のビジネスコンサルタントが、私に言いました。

「日本の女性もジャケットくらい着ればいいのに」

よく、話を聞いてみると、大阪の企業を訪問し、その会社の女性社長と初対面で面会したときのこと、その社長は、サマーニットのアンサンブルカーディガンを着て彼女を迎えたそうです。

彼女は、その社長を秘書か事務員と間違えてしまったうえに、自分が軽く見られたのではないかと、不満に感じたそうです。

最近では、多くの企業がクールビズ（ビジネスカジュアル）を導入していますが、とくに、エグゼクティブや役職者の場合、初対面のビジネスシーンでは、ジャケットは必須です。なぜなら、ジャケットは、先述した調査結果にもあるように、ポジションの証明にもなっているからです。

RULE 37

日本は全般に、ビジネスカジュアルですが、女性のカジュアルな服装は不利です。

スーツより上下のセットアップスタイルが多い女性のビジネスファッションは、男性がクールビズ、ウォームビスで着る、ジャケットとパンツといった組み合わせに相当するビジネスカジュアルなスタイルだと言えます。

そもそも女性のビジネススタイルは、スーツの形、服地、色柄など、男性と比べてバリエーションが多く、すでに、ビジネスカジュアルな要素をかなり含んでいます。

たとえば、内勤であれば、

1　シャツやブラウスのバリエーション

2　ビジネスカラーでハイゲージ（目の詰まった薄手）の無地ニットアンサンブル、ブラウスにカーディガン

などが基本です。

冬場のハイネックセーターは同様のハイゲージで、ジャケットを羽織っていれば許容範囲ですが、来客時、とくに初対面の相手には向きません。

また、クールビズの場合、半袖のオープンシャツやブラウスはよいでしょう。

男性の場合、カラフルな色のポロシャツや、アロハシャツやかりゆしは、環境省が提案するスーパークールビズのドレスコードですが、男性同様、スポーツイベント、限定された地域や親しい地元の人々が集う地方自治体では許されても、一般企業では浮いてしまいます。

ノースリーブのブラウスなど袖なしのインナーは、シンプルなカーディガン、ジャケットとセットで着用するときのみ、オフィスで許されるでしょう。基本的には避けたほうがよいアイテムです。

男性が目のやり場に困るような脇や胸、背中や肩があらわになる服装はくれぐれも慎むべき。見られている意識が低下し、服装がカジュアルに流れる傾向があるので要注意です。

ボトムスはウールかコットン素材が基本で、タイトすぎないタイプが望ましいといえます。ピチピチで身体のラインがはっきり出るボトムスは、セクシーすぎて職場には向きません。

ボトムスの長さは足首までのフルレングスが基本です。スーパークールビズでも、七分丈までが限界です。内勤で人には会わない、といっても、オフィスでは廊下やエレベーターなど、つねに人の目にふれていることを忘れてはなりません。

アメリカの調査で、企業の決定権のある人たちに、昇進を見送られた女性たちの服装について述べてもらうと、ビジネスには不適切な服装で、プロフェッショナルには見えなかっただけだ、と語ったそうです。

つまり、カジュアルな服装をしていると、重要な仕事を任せられる人間には見えないのです。日本で同じ調査をしたとしても、同様の結果が出ると思います。

女性のカジュアルな服装はキャリアアップには不利なのです。

ビジネスカジュアル

長袖シャツにスカート

オフィスカジュアルの基本。シャツにバリエーションがあるとよい。

無地のニットアンサンブルにスカート

ビジネスカラーでハイゲージのアンサンブルは、冬場のカジュアルの基本。

ハイネックセーターにカーディガン、フルレングスのボトムス

ハイゲージのハイネックは冬場に向くが、来客時は避けたほうが無難。

半袖ブラウスに七分丈パンツ

クールビズの場合の、内勤なら許容範囲。ボトムスの基本はフルレングス。

CHAPTER

4

職業別
ファッション・ルール

RULE 38

職業にふさわしいファッション・ルールがあります。

一〇四〜一〇五ページでご紹介した〈TPOの三乗〉を覚えていますか?

Time 時間帯　Trend 流行　Trade 業界・業種
Place 場所　Position 地位　Performance 投資額
Occasion 場面　Opportunity 機会　Originality 自分らしさ

この章では、このうちのTrade＝業界・業種、いわゆる職業にふさわしいファッションルールについて、お話しします。職業には、職業にふさわしいファッション・ルールがあるのです。

それは、ビジネスファッション・ルールのグランドルールに基づいています。

忘れてしまった方のために、もう一度おさらいしておきましょう。

1 会社のドレスコードに準じた服装であること
2 相手の期待に応える服装であること
3 稼げる服装であること

1の会社のドレスコードは、そもそも業界・業種に沿ったものであるはずですし、2と3についても、具体的には、業界・業種によって異なるはずです。

あなたの職業を聞いて相手が無意識のうちにイメージし、あなたに期待するファッションスタイルがあり、また、職業によって出会う人、場所、求められる印象が異なるのです。

職業に合う服装を心がけることで、相手とのコミュニケーションがより早くスムーズになり、「稼げる」ことになります。

では、具体的にはどうすればいいの？　というわけで、代表的な職業別のパーソナルスタイルについてご紹介します。まずは基本として押さえ、その次に、自分らしいブランディングを工夫してください。

RULE 39

金融、製造、メーカーなら、トラディショナルでコンサバティブなスタイルを。

あなたが金融、製造、メーカー、医薬など、安心・安全、信用・信頼を第一にする企業、団体に属するのであれば、紺、グレーのビジネスカラーを基本とした普遍的なトラディショナルのスタイルが向きます。

平凡でおもしろみはありませんが、基本に忠実なビジネスファッション・スタイルこそが成功をもたらします。

ほかにも、比較的保守的な業種・業界の新人から管理職や経営者までのビジネスパーソン、たとえば、会計士、秘書、営業、マナー講師などは、この服装スタイルがより信頼感を深めます。

タレントのようなファッションスタイルの秘書や、モデルと見まがうようなファッションやヘアスタイルの会計士は、ドラマや映画では楽しめるかもしれませんが、現実のビジネスで、そのようなスタイルの人が所属する会社や事務所を信頼できるでしょうか？

「相手の期待に応える服装」が「稼げる服装」です。

金融、製造、メーカー

トラディショナルなファッション

RULE 40

政治家、評論家、経営コンサルタントなら、主張が強くドラマチックなスタイルを！

五〇名から一〇〇名以上の大勢の前で、講演や演説をするスピーカー、メディアで力強いメッセージを発信し、権威、存在感をアピールする職業や立場であれば、主張が強く、ドラマチックなスタイルがぴたりとはまります。

エッジの効いたインパクトのあるデザイン、全体的にシャープで直線的なラインが基本です。

たとえば、コントラストの強い太いストライプのパンチの効いたスカートスーツ、チョークストライプのパンツスーツ。

同じテーラードでも、鋭いピークドラペルや肩パッドの入ったダブルのジャケットを選択することで、遠く離れた聴衆からも際立って見え、迫力が伝わります。

黒と白、赤と黒、青と黒などのコントラストが効いたセットアップスーツ、トリミングされた襟、幅広のチェック柄もよいでしょう。

独自の考えや信念を持ち、強いリーダーシップを発揮するときに向くスタイルです。

政治家、評論家、経営コンサルタント

主張が強くドラマチックなファッション

RULE 41

地方公務員、教師、福祉関連なら、スポーツインストラクター、親しみやすいスポーティなスタイルを。

ビジネススタイルの基本は、きちんとしたスカートスーツだと言いましたが、地域のボランティア活動など、毎日顔を合わせる地域密着型で活動的な仕事に携わる職種においては、この原則はあてはまりません。

こうした職業で、相手の期待に応える服装とは、第一に「親しみやすさ」。そして、活動的でカジュアルなスタイルを目指します。あまりにビシッと決めていると、相手を威圧したり、収入に対していらぬ憶測を呼ばれたりします。また、身体を動かす気持ちがないのかと思われてしまうかもしれません。

具体的には、スーツではなくブレザーや薄手のジャケット、インナーには、ポロシャツなどを組み合わせたスポーティなスタイルが似合います。

また、ジャケットはいつも必要ではなく、シンプルなシャツのパンツスタイル、ブラウスとスカートのセットアップ、ビジネスカラーのシンプルなカーディガン。カチッとしたジャケットよりもジャージ素材の動きやすいジャケットやブルゾン感覚の上着などを選びます。

赤、青、白、といったトリコロールカラーをうまく取り入れ、行動的で明るく親しみやすい服装がマッチします。

ただし、こうした職業であっても、式典や大きな会合など、フォーマルな場では、グレーや紺を基本としたビジネススーツが求められます。

RULE 42

メディア、広告、デザイン、ファッション、美容関係なら、クリエイティブで自由さを重視するファッショナブルなスタイルを！

この業界であれば、ほかのどの業界よりも、ファッショントレンドを取り入れたコーディネートが許されます。雑誌などで、オフィスファッションとして特集されているコーディネートは、たいていこの職種向けのものです。ファッショナブルなのと、そもそも雑誌をつくっている人たちが、この業界の人だからなのでしょう。

一方、会社によって、顧客層やブランドイメージの違いの大きい業界でもあります。ドレスコードが規定されていることは少ないと思いますが、会社の求めるファッションスタイルに沿ったスタイルであることが求められます。

スーツのほかに、「アンコンジャケット」と言われる裏地や芯地、肩パッドのないソフトに仕立てられたジャケット、服地に変化のあるスタイリッシュなジャケット、上着の襟などに変化があるスタンドカラーやジッパーのニットジャケット、ビジネスカジュアル・スタイルにスパイスをプラスしたファッション性のあるジャケットなど、選択肢が広がります。

ビジネスカラーをしっかり押さえながら、選択するのが重要なポイントです。

このスタイルで重視されるのは、相手の期待に応えつつも、〈TPOの3乗〉の最後のO、オリジナリティをいかに加えるか、でしょう。どこか一味違ったテイストやモード感を加えることで、クリエイティブな職業らしさが出てきます。

たとえば、ちょっとしたことですが、薄い色の上着のインナーに黒などのダークな色を合わせ、基本のコーディネートと逆にすることでも、ユニークな組み合わせができます。そのほか、大胆なアクセサリーや小物づかいなど。

ただし、やりすぎないことが大切です。多色づかいで派手な服装に見えないように心がけてください。独りよがりで横柄な印象を与えます。また、いくらトレンドだからといって、ふだん着のようなデザインのものの場合、ラフになりすぎて軽く評価されてしまいがちです。

職業別ファッション

地方公務員、教師、スポーツインストラクター、福祉関連

親しみやすいスポーティなスタイル

CHAPTER 4

職業別ファッション・ルール

メディア、広告、デザイン、ファッション、美容関連

クリエイティブで
自由さを重視する
ファッショナブルな
スタイル

CHAPTER

5

エグゼクティブのビジネスファッション・ルール

RULE 43

エグゼクティブの服装が、企業文化や理念を体現する時代です。

〈TPOの三乗〉のPのうちのポジション、つまり地位や役職によるファッションの違いについては、あまり女性誌で取り上げられることはありません。オフィスファッションの特集があっても（それはたいてい、きちんとした企業の正社員の服装にはふさわしくないスタイルのオンパレードなのですが）、エグゼクティブのファッションの特集はありません。そもそも、一般企業でエグゼクティブとして働く女性の数が圧倒的に少ないからでしょう。

けれども、ほんとうはエグゼクティブこそ、ファッションをビジネス戦略ツールとして、効果的に活用しなければなりません。

ここまで、服装は、会社や団体の組織文化に根ざし、その文化を体現するための最強のツールとなり得る、つまり、社員の服装が組織にとってのブランディングとなる、ということをお話ししてきましたが、トップ、エグゼクティブともなれば、その影響力の大きさは計りしれません。

社員からはもちろん、顧客、関連企業の方々、他の業界の方々からも、多くの期待が寄せられます。周囲への影響力が大きいうえに、社交の場面も増えてきます。会社の代表として、ひいては、国の代表として、そのイメージを体現する服装が求められるのです。今後は、国際舞台に通用するエグゼクティブ・スタイルもより求められていくことでしょう。

かつて、アメリカのグローバル企業GEで上級幹部候補生として勤務した日本人女性によると、幹部育成プログラムを指導するイメージコンサルタントから、次に目指すポジションにふさわしいブランドの服を着るよう、指導を受けたそうです。服のブランドがポジションによって決められていたわけです。ある意味、選んだ服のブランドで、その人が評価されてしまうのです。

エグゼクティブは会社の看板として、対外的な見え方を重要視していることが、彼女の話からよく理解できます。

RULE 44

エグゼクティブとエグゼクティブを目指す人には、ジャストフィットの完璧なスーツが必須です。

エグゼクティブには、上級役員や経営層、成功した起業家だけでなく、国会議員、外交官、医師、弁護士、大学教授なども含まれます。

あなたがすでにエグゼクティブであれば、その姿は、明らかに新入社員や若手社員のスタイルとは違い、着こなしに余裕を感じさせ、ただものではない存在感が漂っている必要があります。

「ただものではない存在感」のあるスタイルの決め手は、上質な服地とジャストフィットした仕立てです。決して、奇をてらうデザインであってはなりません。

オーダースーツにするか、あるいは、仕立てのよいエレガントなスーツを選択し、自分の身体にぴたりと合うよう、両脇、背中、袖丈、ウエスト、スカート・パンツ丈などよく吟味して、お直しを入れてください。

また、スーツ、ジャケットは、オフィスに数着常備して、さまざまな状況に即座に対応する心がけが必要です。常にしなやかな完璧さが求められます。

もし、これからエグゼクティブを目指すのであれば、次のポジションにふさわしい服装を選ぶことです。そうすることで、その地位にふさわしい仕事が自然に舞い込んでくるはずです。あなたの評価をくだす相手は、その準備ができているか、つねにあなたを見ています。

RULE 45

エグゼクティブのスーツのキーワードは、上品、上質、上級です。

スーツやジャケットは、グレード感がにじみ出る上品なスタイルが求められます。
ビジネスの基本色のほかに、グレー系の微妙な色の中間色、オフホワイトなど、社交シーンにも対応できる色が加わります。カシミア混紡の細畝の上質なウール地、ダブルフェイス地など柄を極力抑えた無地に近い上質な服地、仕立てのよさがさりげなく光るスーツスタイルが合います。

シャネル風スーツ、ノーカラーのスーツ、襟にニュアンスのあるエレガントなスーツ、スカートとトップスがセットアップされたスリーピースのスーツや、ワンピースとジャケットのセットアップはエグゼクティブらしさを演出します。

ちなみに、皇室やファーストレディもこのファッションスタイルのカテゴリーです。近寄りがたい雰囲気がありますが、完璧で洗練されたスタイルです。

アクセサリーも重要です。エグゼクティブにふさわしい本物のジュエリーのチョーカー、ブローチ、指輪などを、華美にならないようさりげなく身につけましょう。シルバーまたはゴールドのシンプルなチョーカー、または、パールであれば、取材、商談、社交の場面など、ほぼ万能です。

欧米の大統領夫人や企業エグゼクティブがよく身につける、やや大きめな一〇ミリ以上のパールのネックレスや一粒イヤリング（ピアス）、七ミリの二連パールをエレガントなスーツに合わせるとエグゼクティブらしさが表現できます。サッチャー元首相のアクセサリー使いは、エグゼクティブのお手本でした。

時計などの小物は、伝統あるブランドで上級なアイテムを選ぶようにします。

エグゼクティブの基本は、このように、上品、上質、上級が基本なのですが、イベントなど大勢の前での講演やプレゼン、インタビューなどで、強いインパクトを与えたい場合は、前章であげた政治家や評論家、経営コンサルタントのスタイルが参考になるでしょう。ただし、ストライプではなく、無地の鮮やかな赤や青のスーツ、ジャケットが効果的です。迫力のある自信にあふれた印象が伝わります。

エグゼクティブのスーツ

エレガントな
ワンピーススーツ

上品で美しい発色の
ワンピーススーツは、
式典などにふさわしい装い。
アクセサリーは、
パールのネックレスとブローチ。

グレードを感じさせるビジネススーツ

襟の詰まった紺色のスーツに、
かっちりとしたビジネスバッグ。
アクセサリーは、
シンプルなチョーカー。

RULE 46

エグゼクティブを目指す人のビジネスファッションに、「カワイイ」はマイナスです。

おもに、女性が服装で失敗するケースは二つあります。

ひとつは、アイテム数が多すぎて、パワーが分散されているケース、もうひとつは、何もインパクトがないケースです。

これを逆にすれば、ビジネスファッション・スタイルとなります。

すなわち、シンプルな装いを基本として、服装の色、アイテム数をマネジメントし、パワードレッシングを試みるのです。

よく、セクシー、キュート、ガーリーなどを総称する表現として、「カワイイ」という言葉を使いますが、これらの服装のイメージは、ビジネスでは残念ながらマイナスです。

エグゼクティブのスタイルとなればなおさらです。

上品、上質、上級を大切に、さまざまな色や柄、形を持ち込まず、シンプルに装うことが、エグゼクティブ・スタイルの第一歩です。

これは、自分はエグゼクティブでなくても、エグゼクティブと関わる機会の多い職業の人にもあてはまります。富裕層を相手にする営業、高級ホテル、一流レストラン、ブランドショップの接客スタッフ、役員秘書などがこれにあたります。

エグゼクティブと共通点のある装いが、よきパートナーとして信頼感を高めます。

RULE
47

役員昇進とともに、ファッションスタイルも一新します。

私が実際にコンサルティングにあたった女性エグゼクティブのケースをご紹介したいと思います。

まず、医薬関連の会社に勤めるAさん。彼女は、社長からもっとも信頼されるマネージャーでした。しかし、仕事はできるのですが、フェミニンなフレアスカート、まるで、主婦の疲れたスタイルとしか見えない手入れの悪いヘアスタイル、ノーメイク、擦り切れた名刺入れ、使い古したボールペンなど、その実力は、とうてい外から見てわかるものではありませんでした。

そこで、Aさんは約二か月分の給料を投資して、思い切ってファッションスタイルを一新しました。すると社長はもちろん、会長、別の役員までもが彼女の実力を大きく評価するようになったのです。そして、会社ではじめての女性執行役員へと昇進しました。

もうひとつの女性役員のケースをご紹介します。Bさんは銀行員のリーダーとして長年勤務してきました。そして、男勝りのパワーと真面目な勤務態度が評価され、女性ではじめての役員に就任することになりました。その際、頭取から、「君には、今後、女性の行員から憧れられる存在になってほしい」と言われたのです。

それまでは仕事のことしか考えず、服装も会社の制服と自前のパンツスーツのみで、アクセサリーもほとんどつけたことがありませんでした。

そこで、Bさんには、風合いのよいテーラードのスカートスーツにライトグレーのパールのネックレスとお揃いのイヤリング、上品なブローチを買うよう勧めました。そして、ビジネスパーティなどには必ずつけて出席するようにしてもらいました。

また、ベージュのシャネル風のジャケットも新調してもらいました。すると、若い女性行員たちが彼女のまわりに集まるようになったというのです。

それまで若手の女性行員からは、「仕事はできるけれど、こわい人」だとずっと思われ、話しかけにくい存在だった彼女が、服装を変えてからは、キャリア相談からプライベートの悩み相談に至るまで、よく受けるようになったのです。彼女自身、服装がこれほどの効果があるとは、思いもかけなかったと言っています。

RULE 48

服装を変えただけで、男性取締役陣からの見る目が変わった！パート社員から抜擢された取締役のケース

ある関西の大手金融系企業で、パート社員から大抜擢され、女性ではじめて取締役になった方がいました。パート社員だったころの彼女は、鮮やかな色づかいが好まれる地域柄、色とりどりの自由な服装、キラキラと光るラインストーンが施された靴のヒール、ショールやバッグにもレースや毛皮をあしらってと、最新の流行を取り入れたファッショナブルなスタイルで職場に来ていました。

長年、気心の知れた和気あいあいとした職場で、同僚の女性パート社員からは、おしゃれで仕事ができる人と有名で、若いパート社員からも慕われていました。その仕事ぶりが評価され、都心の本社勤務となり、女性初の取締役に抜擢されたのです。

しかし、本社の社長以下すべての男性取締役たちの彼女に対する評価は、思わしくあり

ませんでした。流行に敏感で目立つファッションを身にまとった彼女の服装は、男性管理職や本社の雰囲気からは、かなり浮いていました。

彼女は、はじめての女性役員とのことで、社内はもちろん、メディアでも話題を集めはじめていたことから、社長は、しばらくたっても変わらない彼女の服装を危惧し、自社の金融業界の取締役にふさわしい服装に変えるよう指導を与えたのです。

彼女は、自分の服装に問題があることにはじめて気づき、熱心に、そして謙虚にイメージコンサルタントとしての私のアドバイスに耳を傾けてくれました。

そこで、かつての色とりどりの服装や持ち物を一掃し、紺とダークグレーを基本とした金融業界にふさわしい、コンサバティブで上品なビジネススタイルに一新してもらいました。

すると、どうでしょうか。男性の取締役陣は、女性が半数以上を占める自社の役員として、彼女の意見をますます重要視するようになったそうです。

服装を軽視してはいけません。服装は、女性がリーダーシップを発揮するうえで、重要なコミュニケーション・ツールなのです。

RULE 49

トップになったら、服装も変えなければなりません。

あるホテル関連業界のトップに就任が決まった女性社長は、それまで広告会社の担当部長としてキャリアを重ねてきました。その当時は、自由で女性が多い職場にふさわしく、トレンドを意識したスタイリッシュなスーツ、幾何学柄のジャージ素材のカシュクールのワンピース、パーティドレスによく見る、流れるようなフレアの効いた短めのスカートスーツなどのおしゃれな装いが、周囲にもよい影響を与えていました。

しかし、彼女がホテル業界の役員に昇格し、社長に就任した途端、周囲の社員から期待される服装は完全に変わりました。それは、会社を代表する社長にふさわしい品格あるスタイル、新入社員を迎える式典や株主総会に出席するときに、安心感や信頼感を表出した服装スタイルです。

彼女からコンサルティングを依頼された私は、社員の期待に応える服装、ヘアスタイル、メイクから、靴、小物に至るまで大変身をお手伝いしました。

社員からの反応は驚くほど大きく、彼女に寄せる信頼感はさらに厚くなり、社員は彼女がトップであることを誇りに思い、会社に対するロイヤリティ向上にもつながりました。そのほか、リクルーティングにもよい影響を与え、優れた人材を集めることができるようになったとのことです。

日経ベンチャーが実施したある調査では、「社長が好きになれば、社員の七割がやる気をアップさせ、嫌いになると八割がやる気をダウンさせる」という結果が出ました。まさに、社長の好感度が社員のモチベーションに直結しているのです。

トップになれば、ステージががらりと変わり、周囲からの期待、つきあう相手、出かける場所が変わります。接待等で飲食する店の格も変わります。

社員や株主、顧客など、あらゆるステークホルダーに対して、あらゆるステージで、会社の顔としてポジティブな印象を与えることが求められます。そのための武器として、服装を中心とする外見を最大限に使う必要があるのです。

トップになったら、服装も変えなければなりません。

若手社員

濃紺のテーラードスーツ、靴はストラップのある黒の三センチヒール。

マネージャー

グレーのテーラードのパンツスーツ。ネックレスは、短いプチダイヤなど。五センチヒールの黒パンプス。

エグゼクティブ

オフホワイトのジャストフィットのスーツ。
チョーカーとやや大きめパールのイヤリング。
靴は切り替え（シャネル風）が入った
自然な丸みのあるプレーンな黒五センチヒール・パンプス。

RULE 50

世界のエグゼクティブから、エグゼクティブ・ファッションスタイルが学べます。

一般的なビジネススーツ・スタイルなら、報道番組のニュースキャスターからヒントが得られますが、エグゼクティブのスタイルでは、世界の女性リーダーたちのファッションが参考になります。

海外のニュースを見れば、必ず多くの女性が登場します。もし、自分がそうした会合に出席することになったら、と妄想しながら、スタイルをチェックするようにしましょう！

世界のエグゼクティブのすべてが効果的に装っているわけではありませんが、中でも、ファッションセンスに優れる女性たちを選んで、ケーススタディしてみましょう。

見事なバランス感覚でファッションでも注目を集める テリーザ・メイ英国首相

ファッションにおいても注目度が高い、イギリス史上二人目の女性首相、テリーザ・メイ氏。テーラードやノーカラー、ショートあるいはロング丈、スカートやときにはパンツ姿など、カジュアルからフォーマルシーンまでさまざまなジャケットスタイルのバリエーションを上手に着こなしています。

色づかいも鮮やかです。白とロイヤルブルー、ベージュと赤、赤と紺などインナーとジャケットの組み合わせ、黄色やライトブルーを大胆に効かせたカラーブロックのロングジャケットなど、コントラストの強いカラーコーディネートで自己主張するドラマティックなスタイルといえます。一方、代表的な伝統柄であるブラックウォッチのパンツスーツで、自国のアイデンティティをさりげなくアピールすることも忘れません。

特徴的な靴選びに加え、大振りのネックレスを加えるなど、小物にまで行き届いたトータルコーディネーションと見事なバランス感覚。氷の女王と称される冷静さの内面と服装では思いきって自己表現したファッションスタイルで、男性、女性両方の支持を得ているように感じます。

ファッションで多様性をも表現する
ミシェル・オバマ夫人

オバマ大統領就任以来、ミシェル夫人は、ファーストレディの役割を終えた今も、そのワンピース姿でファッションアイコンであり続けています。

ワンピースは、スーツやジャケットでは演出できないエレガントなスタイルで、夫をサポートするシーンなど、社交の場や補佐的な立場を演じるときにその威力を発揮します。

その基本セオリーを守りながら、ミシェル夫人は、あまり腕や肩を露出してこなかったそれまでのファーストレディとは異なり、絞ったウエストライン、トレーニングで鍛え上げた腕を出したスリーブレスドレスにより、パワフルにご自身を表現して、女性に勇気を与えています。また、ワンピースの上にチェック柄のニットを加えるなど、楽しい雰囲気の演出も巧みです。

そして、高級ブランドから身近なブランドまでの幅広いチョイス、人種、有名、無名にこだわらないダイバーシティに配慮したデザイナー選びは、ファッションを自己表現ツールのひとつとして捉えた、ミシェル夫人の幅広い共感を大切にしたいというメッセージであり、彼女の価値観の表れでもあったのでしょう。

知性と品性のあふれるジャケットづかいのお手本に
イギリス・キャサリン妃

シンプルでスタイリッシュ、そしてノーブル。自然体で親しみのある上品さを持つキャサリン妃の人気は高まるばかりです。公務の際は、さまざまな色を楽しみながらも、肌の露出を押さえたコンサバティブなシルエットの完璧なロイヤルファッション。

そして注目したいのは、一転して、ふだんのファッションは誰もが受け入れやすく、日常のビジネスにすぐ取り入れることができるスタイルであることです。

ポイントは、着回しの効くジャケットづかい。ビジネスシーンで一番出番が多い紺のジャケットは、ワンピース、スカート、パンツに組み合わせるだけできちんとした印象になります。夏場など、女性はともすると胸元や腕などを露出してしまいがちですが、たとえば白のジャケットをはおり、露出を最小限にとどめることで、清潔感と清涼感が演出でき、知性をも感じさせることができます。

キャサリン妃を、服装が内面をも映し出すお手本として、白、紺、青などのビジネスカラーとジャケットなどのベーシックなアイテムでコーディネートすれば、好感度を一段とアップさせることができるでしょう。

世界のエグゼクティブから学ぶ

着回しも上手なメイ首相。
赤いワンピースに異なるジャケットを合わせて。

STYLE
1

テリーザ・メイ
（イギリス首相）

鮮やかな色の
カラーブロックを
取り入れて大胆に。

STYLE
2

ミシェル・オバマ
（元アメリカ大統領夫人）

STYLE 3

キャサリン妃

RULE 51

ファッションの女王、アナ・ウィンターのスタイルは、一般ビジネス社会では真似できません。

現在、世界のファッション女王といえば、この人、アメリカ版ヴォーグ編集長、アナ・ウィンターです。映画『プラダを着た悪魔』の女性編集長のモデルともされ、彼女が身にまとうファッションを見れば、今年のトレンドがひと目でわかる、とまで言われます。シャネルのカール・ラガーフェルドを筆頭に、世界の高級メゾンのデザイナー、ならびに経営者たちが、毎シーズンのコレクションに対する彼女の評価を気にしているのですから。まさに、世界のファッション界をリードする存在です。

彼女を追ったドキュメンタリー映画『ファッションが教えてくれること』を見る限り、ふだんは、ひざ丈のプリントのノースリーブワンピースにカーディガン、またはジャケット（ただし、黒以外！）で、首元には、コレット・ネックレスと呼ばれる、大粒ガーネットやトパーズなどのアンティークネックレスを二、三本、重ねづけ。足元は、ナチュラルストッキングに、いつものマノロ・ブラニクのアナ専用のサンダルです。

タイプ的には、きわめてコンサバなスタイルと分類される彼女の服装ですが、それでも、ごく限られたファッション業界を除いて、一般のビジネスシーンでは、残念ながら真似することはできません。ファッショントレンドをいち早く取り入れたい人は、プライベートタイムで存分に楽しむことをお勧めします。

ファッショントレンドを意識的にとらえておくことは、市場動向、マーケティング、製品開発など、時代を読み取るひとつの手段としてビジネスに大いに役立ちます。

RULE 52

日本の大先輩のファッションからは、日本女性らしい気品の表現が学べます。

国際組織で長年活躍する緒方貞子氏の風格ある装い

国際連合の政治家として、数多くの国際組織で長年貢献する緒方貞子氏の姿は、国際的に活躍する働く女性の大先輩として、ひときわ存在感と風格を感じます。

ジャケットと共布のトップスとボトムのスリーピースや、ワンピースとジャケットのセットアップの、すっきりとしたスーツ姿に、上品なブローチをつけたコーディネートをよくメディアで拝見します。

ただ単に、がむしゃらに仕事に打ち込むだけではなく、どんなに多忙を極めても、その忙しさや疲れを決して人前で見せることがない、凛とした日本人女性の佇まいが着こなしに宿っています。このスピリット（魂）こそが、まさに働く女性の鏡として、尊敬すべき品格あるエグゼクティブの着こなしといえるでしょう。

作家、塩野七生氏のさっそうとした装い

あるビジネス誌のインタビューに登場した塩野七生氏の服装は、インテリジェンスと大人の洗練をイメージさせるものでした。ラペル（襟）が美しくデザインされた風合いのよいグレンチェックのテーラードジャケットに、黒の薄手のカシミアに見えるクルーネックのインナー。ミラノに長年住んでいたことがひと目でわかるジャケットのこなれた着こなしがうかがえました。

そして、アクセサリーは、気品あるデザインが施されたパールのイヤリング、印象的なオーバル型の時計には、ネイビーの革ベルトがつけられています。黒、紺、グレーを基本にした上質で粋なコーディネートは、余裕を感じさせるエグゼクティブの模範といえるでしょう。

CHAPTER

6

ビジネスファッションのグローバル・スタンダード

RULE 53

グローバリゼーションの中で、相手の国、地域、文化を理解し、期待に応えるファッション戦略が必要になってきています。

この数年で、企業活動は一気にグローバル化しました。TPOのPのプレイス＝場所やOのオプテュニティ＝機会が、国や文化の異なるシーンへと、一気に拡大したのです。これまで以上の気配りが必要です。なぜなら、国際人として、組織、企業の枠を超えて、国と国との信頼関係に響いてくることもあるからです。

少し前まで、グローバリゼーションと言えば、欧米化のことでした。したがって、グローバルなビジネスシーンでのファッション戦略を考えるといっても、欧米に合わせればいいだけのことでした。

ところが、いまや、BRICs（ブラジル、ロシア、インド、中国）諸国の経済的発展に伴い、日本企業のビジネスシーンも、それらの国々をはじめ、ベトナム、マレーシアなど東南アジア諸国へと広がっています。

それぞれの国で、「相手の期待に応え」「稼げる」服装を考える必要が出てきているのです。

さらに、「グローバリゼーションはローカリゼーション」とも言われるように、アメリカ、中国、日本といったひとつの国内においても、都市や地域によって、それぞれの文化、習慣からなる地域特性や生活習慣によってビジネスでの服装スタイルも多少異なります。

そして、同じ企業であっても、部署や職種によって目指すもの、顧客からの期待が異なると、当然、ふさわしいドレスコードが違ってきます。

ダイバーシティの環境の中で活躍するためには、国、地域、相手、目的、期待などによって、最適なドレスコードを選択でき、受容し、適合できるコミュニケーション能力がいままで以上に大切な時代になるでしょう。

RULE 54

ファッションにおける
これからのグローバルスタンダードは
従来の欧米スタイル一辺倒ではなくなります。

クールビズ、スーパークールビズなど、ビジネスでのドレスダウンが進む一方で、ビジネスカジュアルを推進しない会社もあります。「ビジネスにカジュアルなシーンなどひとつもない」という会社の方針からです。

さまざまな国籍、文化、習慣、宗教などからくるダイバーシティ、つまり、属性を超えた多様な人材活用、そして、多様化する企業文化を背景に、服装も企業ごとに明らかな変化が見られます。

それではこれからの時代、どのようにグローバルスタンダードな服装をとらえたらよいのでしょうか。

まずは、次のように、大きく三つに分けて考えるとよいでしょう。

①従来の欧米型スタイル
②企業文化（組織風土）型スタイル
③地域特性型スタイル

本書でご紹介している基本的なビジネスファッション・スタイルが、①の「従来の欧米型のスタイル」にあたります。

このグローバルスタンダードな服装を基本にしながらも、スティーブ・ジョブズ氏が見せたような、戦略的なTシャツ＋ジーンズ姿のプレゼンスタイル、つまり、②の「企業文化、企業理念を体現するスタイル」、そしてさらには、沖縄のかりゆしに代表されるような、各国の都市や街が持つ独自の文化・地域性（気候、習慣、宗教、歴史など）を尊重した③「地域特性型スタイル」を考えていくことです。

これら三つの服装スタイルを状況に合わせ、柔軟に採用していくことが新たな時代のグローバルスタンダードになるでしょう。

ようやく、本来の意味での「グローバルスタンダードスタイル」が求められてきたといえるのです。

RULE 55

シンガポールを除く多くのアジア諸国では、まだ、ドレスコードは確立していません。

経済環境が、欧米主導から中国、インド、ベトナム、タイなどのアジア諸国へとパワーシフトする中、グローバル化も新たなフェイズを迎えています。

アジアでのビジネスが広がるとともに、ビジネスにおけるドレスコードも多様化してきました。

とは言え、ひとくちに「アジア」と言ってもじつにさまざまです。たとえば、中国を例にとってみても、北京と上海では都市の雰囲気、生活習慣、マナーが異なります。

同じ北京の企業でも、国営企業と民営企業では、違っています。一般に、中国の国営の大きな会社の幹部の男性は、欧米式のドレスコードを守っています。

また、中国は多民族国家のため、地域による、宗教、食事、気候などの違いも大きく、日本国内における差異とは比べものになりません。

女性の美容でも、一般的に、中国人の場合、働く女性はスキンケアを大切にし、日本人のようにファンデーションや色ものをあまり使いません。

ビジネスでの服装も、エグゼクティブを除いては、従来の欧米のグローバルスタンダードスタイルが浸透していない企業も、民営企業を中心に多くあります。

一方、シンガポールの中国系ビジネスウーマンは、ジャケットを必ず身につけます。亜熱帯の気候にもかかわらず、ビジネスシーンではストッキングを必ず履くことがビジネスプロフェッショナルの基本とされています。

そのほかのアジアの国では、民族的な衣装をビジネスの中でも着用したり、職場のドレスコードが工場の制服以外、まったくない地域もあります。

RULE 56

相手企業の文化を受け入れつつも、日本人としての洗練された着こなし、日本企業のアイデンティティを保つことが大切です。

これからの時代の服装は、欧米型のグローバルスタンダードをベースにしながら、各国の文化、習慣を尊重したスタイル、つまり企業文化や国、都市などの地域性を背景にした多様性（ダイバーシティ）を寛容な心で受け入れる時代といえるようです。

一方、藤原正彦氏が著者『国家の品格』の中で、「日本人は日本人のように思い、考え、行動してはじめて国際社会の場で価値を持つ」と語られたように、日本人であれば、日本人のアイデンティティを大切にした着こなし、さらには、立ち居振る舞い、話し方など、それぞれの場面に応じたプレゼンスのあり方があっていいのではないでしょうか。

たとえば、上海では、男性の場合、経営層を除き一般のビジネスパーソンは、ネクタイをほとんどしていませんが、ある日本企業は、その会社の企業文化に根ざし、社内では現地スタッフを含めてネクタイ着用を徹底しているということです。

「郷に入っては郷に従う」という言葉のとおり、相手の文化や習慣に敬意を払うことは必要です。しかし、一方で、日本人として、日本企業のアイデンティティを保つこと、その姿勢を貫くことも大切だと思います。

日本人が持つ、上品さ、上質さを見極める選美眼、無駄をそぎとった洗練された着こなし、美徳文化から育まれた思いやりと礼儀正しさ（シビリティ）を武器に、日本のビジネスウーマンが自信を持って世界で活躍する時代がやってきたのです。

くれぐれもドレスダウンやおしゃれと勘違いして、現地の悪しき習慣に流されてしまうことがないようにしたいものです。

CHAPTER

7

アイテム別
ビジネスファッション・
ルール

RULE 57

ジャケットのルール

長袖。素材は、一年を通してウール。

この章では、アイテム別に、ビジネスファッションの基本ルールをお届けします。

これまでの章でお話ししてきたことと重複する部分もありますが、不変のファッションアイテムの基本ルールとして、お役立てください。

ビジネスプロフェッショナルとして周囲から信頼を得たいと思っている人なら、その想像を超えた反響に驚くことでしょう。


まず、ジャケットです。

スーツやジャケットの長さは長袖が基本です。

真夏のシーズンでは、ひじが隠れる七分袖までが限界でしょう。

半袖のジャケットはプロフェッショナルに見えません。

ジャケットの基本素材は、一年を通して、しわになりにくく型崩れが少ないウールを選択するのが賢明です。

レザー、レーヨンなどの薄地素材やプリーツ素材、しわ加工がほどこされた素材は避けましょう。カジュアルな雰囲気すぎて、軽く見られがちです。

春夏シーズンには、コットンや麻が涼しげですが、しわになりやすいので避けたほうが無難です。サマーウールに化繊がブレンドされたものであれば、しわになるのを防ぐことができます。そのほか、ウール地にしわになりにくい新素材などが混紡された服地であれば、ビジネスシーンにふさわしいといえます。

しわや型崩れが気になって、仕事に集中力を欠いてしまうようなジャケットからはよい仕事は生まれません。

RULE 58

スカートのルール

シンプルなストレートラインで、丈はひざが隠れる長さ。

スカートスーツは、女性のビジネスフォーマルのスタンダードなスタイルです。各種式典をはじめ、採用面接試験や初対面に向くアイテムといえます。

スカート丈は、そのときの流行により微妙に変化しますが、ひざ下からプラスマイナス五センチを目安にします。いわゆる皇室ラインと呼ばれる、ちょうどひざが隠れる長さであれば万能です。上品さが伝わり、どのようなシーン、いかなる相手でも好感度は抜群です。

それより短いスカート丈は、常識や教養のない人に見られることがあります。応接室によくある、深い長椅子に座ると、一〇センチは短くなるのでさらにリスクが高まります。案外よく見かけるシーンです。

一方、ひざより五センチ以上長くなると、古めかしく老けた雰囲気になり、一〇センチ以上長くなると、民族衣装かリゾートウェアのように見えてしまうことがあります。

スカートのシルエットは、シンプルでゆるやかなストレートがベストです。大きな広がりがあるフレアスカート、ティアードやギャザーが多く入っているデザインはビジネスでは不向きです。よく、体型をカバーしようとして、このようなデザインのスカートを履いている人がいますが、かえって太って見えますので気をつけてください。

そのほか、カラフルなワンピースやミニスカートに同色のタイツやレギンス、ブーツを組み合わせたスタイルはオフィスではファッショナブルでカジュアルすぎます。

スリット入りのスカートの場合、許されるのはバックスリットだけで、スリットの長さは一〇センチ前後が望ましいでしょう。深いスリットのスカートや、サイドやフロントにスリットがあるスカートは下品な印象になりますから、職場では避けます。ヒップラインが出すぎるタイトスカート、巻きスカートも同様です。

スカートの色はダーク系で汚れが目立たない色、素材はウールがメインでしわになりにくく、透けないものを選びます。コットン、麻だけの素材は避け、レース、フリルなど装飾のないシンプルなスカートを選びます。

RULE 59

パンツのルール

フルレングスのストレートパンツが基本です。

パンツルックは、軽快な印象を与え、動きやすく防寒性があります。出張の移動時、動きが激しい業務、屋外での仕事、さらには、冷え性や足の形や太さが気になる人にはありがたいスタイルです。

素材はウール、無地のコンサバティブなストレートパンツが基本です。男性を刺激するような、タイトでセクシーなシルエットや下着が透ける素材は避けます。できるだけジャケットを着用し、ウエストやヒップを隠すほうが無難です。

また、ワイドパンツのように、フレアが効きすぎないことも大切です。ドレッシーすぎるとビジネスシーンに向かず、階段を降りる際、靴にまとわりついてつまずくことがあります。仕事で持つべき意識のひとつに、安全意識がありますが、服装にも安全性が求められます。

パンツの色は、紺、グレー、キャメル、ブラウン、黒のダーク系のビジネスカラーが基本です。ライトベージュ、グレーベージュ、カーキは春夏シーズンに向き、ビジネスカジュアルなスタイルによくマッチします。

ブルージーンズやカーゴパンツは論外で、赤、黄色、オレンジ、緑、紫、ピンクなどの色のパンツも一般のビジネスの場には向きません。

オフホワイトのきちんと仕立てられたウールのパンツなら、フォーマルシーンで着用することができます。ドイツのメルケル首相がサミットで各国の首相と並んだとき、ダークブルーのジャケットにオフホワイトのパンツ姿で登場しました。ただし、真っ白なコットンパンツや麻の素材は、リゾートファッションのような印象になるので、注意が必要です。

パンツ丈は、くるぶしが隠れるフルレングスが基本で、夏のスーパークールビズに見る、クロップドパンツなどの七分丈のパンツ類は、外勤の人には不向きです。

ジーンズはＮＧ。夏場はコットンパンツまでが限度です。男性のビジネスカジュアルにもほとんどの場合、ジーンズはあてはまりませんので、女性も同様です。

RULE 60

シャツ、ブラウス、インナーのルール

手入れが楽で、肌の露出の少ないものが基本です。

スーツやジャケットのインナーはシンプルなメンズ仕立てのシャツやオープンブラウス、クルーネックやボウブラウスが基本です。レギュラーカラーやワイドカラーのシャツはすっきりとクールな印象です。シャツ地を生地サンプルから選んで、ジャストフィットにオーダーするのもよいでしょう。

ドレープのあるブラウスやカシュクール、VネックやUネックのインナーは、胸元が広すぎない上品なものを選びます。

胸元の開きは体型にもよりますが、首元から真下に七センチぐらいまでの開きが限界で、それ以上は、かがむと下着がちらつき、相手は目のやり場に困ります。間違ってもビジネスの場で、女性フェロモンは漂わせないことです。

ポケットはひとつまで、フリルや装飾が少ないものを選びます。柄は無地のほかに、ストライプ、ドットなど、男性のネクタイにも見られる古典柄にします。柄が大きく、柄に視線が集まる類のものはよくありません。

素材は、コットン、ナイロン、ポリエステル、サマーウールなどを。シルクは艶やかで風合いは最高ですが、高額なうえ、汗じみがついた場合、手入れがたいへんです。ビジネス仕様の場合は、シルクがブレンドされた程度がよいでしょう。

麻は夏に涼しい素材ですが、しわになりやすいので、混紡のほうが無難です。薄手のハイゲージのニットや上質コットン、シルクがブレンドされたクルーネック、Vネック、Uネックなどのインナーは、ジャケットのインナーとして適します。

袖丈は、長袖を基本としますが、真夏の場合は半袖か七分袖。ノースリーブや下着のようなキャミソールは厳禁です。フレンチスリーブはジャケットを伴います。手をあげて、脇の下が見えない長さが必要です。短い丈のインナーは、上着を人前で脱がないか、カーディガンで肌を覆うようにしましょう。

要するに、人前で肌を露出することにならない配慮が必要だということです。

RULE 61

ワンピースのルール
ビジネスタイプのワンピース、またはワンピーススーツでも、フォーマルシーン以外には向きません。

女性の多くはワンピースを愛していますが、ビジネスシーンに向いたワンピースは、限られます。

入学式、卒業式などに着るフォーマルウェアとしてのワンピース、皇室の方々の服装によく見られる、共布でジャケットとシンプルなワンピースを組み合わせたワンピーススーツがその代表です。

ビジネスタイプのワンピースはエレガントな女性のイメージが漂うため、社交を伴うビジネスパーティ、女性ならではの優しさや上品さを前面に出し、よき補佐役として役割を果たすときに、とくに威力を発揮します。たとえば、大統領夫人、国会議員夫人、社長夫人として同伴する場合には、ぴったりのファッションスタイルといえます。

つまり、自身が、大統領、国会議員、社長の場合には、ふさわしくない、ということでもあります。また、ワンピースは身体の動きが制限され、動きにくい側面もあります。となると、ビジネスのフォーマルシーンを除いては、ふだんのビジネスシーンではあまり向かないことが理解できます。

ただし、スーツスタイルのキャリアウーマンを好まない男性に対してはワンピースが効果的だった、との調査結果もあります。ビジネス戦略上、あえて、威圧感やビジネスを抑えた印象にして、ことを有利に運びたいときには有効です。

RULE 62

セーターのルール

セーターが許されるのは、ウォームビズとして、ジャケットのインナーに着る場合だけです。

セーターだけの装いは、エグゼクティブ、管理者や専門職のスタイルではありません。フェミニンすぎてカジュアルな印象を与えるアイテムだからです。セーターが許されるのは、来客や他社訪問する機会がまったくない人、身内だけでの自宅で作業するような職場に限られます。

ビジネスカジュアルにあるウォームビズの着こなしとして、ジャケットのインナーに着用する場合は、落ち着いたダーク系のビジネスカラーが基本で、素材は、冬はウール、または、ウールにカシミア、シルク、アクリルなどが混紡されたものが最適です。

また、クールビズで、ジャケットを着用しなくてもよい職場や職種の場合は、夏はコットン素材など、いずれも薄手の素材がオフィスには適しています。

形はクラシックなタイプで、カーディガン、クルーネック、タートル、ツインニットなどがよく、無地で大きなボタンや装飾がないもの、目が詰まったハイゲージのタイプを選びます。

ジッパータイプのカーディガンは、よりカジュアルな印象になります。

ファッション誌でよく見るロングカーディガンに細身のパンツ、ベルトを組み合わせたスタイルは、おしゃれでリラックスした大人の雰囲気がありますが、かなりカジュアルな雰囲気がありますので、一部の業界を除き、一般のビジネスシーンには向きません。

RULE 63

スカーフのルール

グレードを上げ、ステイタスを感じさせるスカーフでなければ、つける意味はありません。

スカーフは、結び方によってイメージも容易に変えられ、ファッションアイテムにバリエーションをつけられる、ビジネスには欠かせないアイテムです。

首に巻くだけではなく、一枚のスカーフがときには、ブラウスやアクセサリーに変身し、シンプルなビジネススーツのコーディネートにバリエーションをつけられます。取り外しがすぐにできるので、シーンによって使い分けることもできます。

いくつかの結び方のバリエーションをマスターしておくと、軽快さ、落ち着き、華やかさなど、自分の目指すイメージを演出することができるでしょう。

また、コーディネートのアクセントとして、スーツなどには使えない色鮮やかな色を加えることができます。似合う色（パーソナルカラー）を用いれば、顔を引き立たせ、印象をアップすることができます。

ここ数年、ふたたびスカーフがトレンドです。エルメスに代表される一流ブランドの上質なシルクスカーフは、アクセサリーやインナー、コートのベルトなどにアレンジすることができ、グレード感も出ます。出張先で上手に活用すれば、服の数も少なくてすみます。もちろん、乗り物や気温の急な変化にも防寒として役立ちます。
ただし、あまりにもブランドロゴが目立つものは、ビジネスでは避けましょう。

スカーフは素材によって、シーンを使い分ける必要があります。透ける薄手タイプは、ドレッシーなワンピースやドレスに合いますので、パーティシーンに向きます。しわ加工してあるスカーフは、クリエイティブでカジュアルな印象になります。

一般のビジネスシーンで使うスカーフは、しっかりと張りのある上質なシルクのスカーフを選びます。安っぽく見えるものなら、つけないほうがましです。あなたのグレードを上げ、ステイタスを感じさせるスカーフでなければ、つける意味はありません。

スカーフの結び方

ネックレス

necklace

クロスネックレス

cross necklace

フラワー

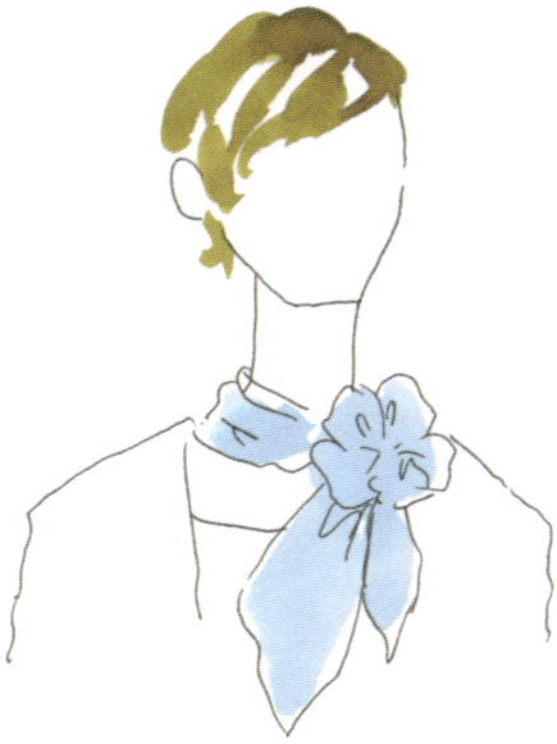

flower

ウェスタン

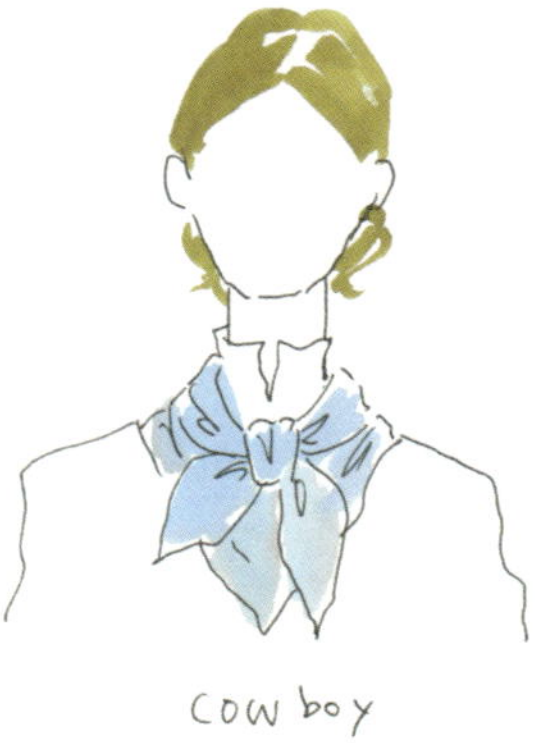

カウボーイ

ネクタイ

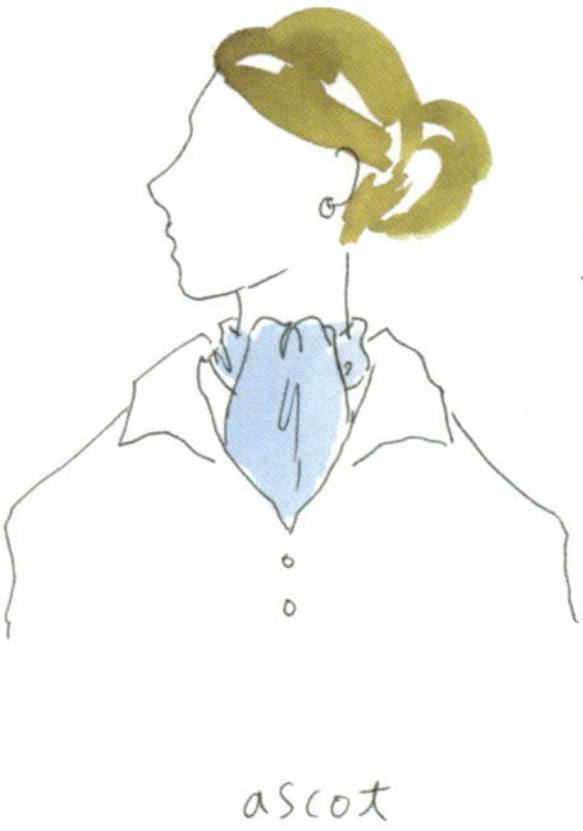

アスコット

RULE 64

シューズのルール

三～五センチの太めのヒールのパンプスが基本です。

靴は甲がカバーされたプレーンなパンプスが基本です。

紳士靴に見られるストレートチップ、ウイングチップ、タッセルのデザインはビジネスシーンに向きます。大きな飾りやキラキラ光るラインストーン、ヒールに飾りのあるタイプは避けましょう。

夏場は、甲のあるバックベルトのあるサンダルまでがビジネス用です。ドレッシーすぎるデザインは避けるべきです。オープントゥのサンダルやミュールは安全面と動きやすさから見て仕事には向きません。もちろん、職場でビーチサンダルは厳禁です。

ウォーキングシューズでの通勤は以前に比べると増えてきていますが、好ましくないと思う人もいます。あまりにスポーティで奇抜なデザインは避け、オフィスでは必ず履きかえてください。

靴の色は、ビジネスカラー。そのほかの色は靴だけが浮いてしまいます。靴の素材は、牛革のカーフです。エナメル、ヌバック、サテンは夜のシーンに合わせるのがマナーです。また、布は夏場のリゾートなど、カジュアルな遊びのシーンに向きます。

ヒールの高さは、三センチから五センチが動きやすく、しかも、ビジネスファッションとの相性が抜群です。タウンシューズ、スニーカー、ノーヒールのバレエシューズ、ドライビングシューズの類は仕事着と調和しません。

内勤の場合は許されますが、来客時や訪問では避け、通勤や出張の移動時として履き分けましょう。

また、ヒールは比較的太めのほうが安定感があります。ピンヒールは、道路の溝や隙間に入り込んで靴が脱げてしまうことがあるので危険です。

営業、接客や講演など、立ち仕事がメインの場合には、低めのヒールのほうが腰に負担をかけません。身体の疲れ、腰の痛みや頭痛の原因になっていることがありますので、自分の足に合う履きやすい靴を探すことに努めてください。

なお、ブーツは防寒靴ですので、都市の通勤にはほとんど不要です。厳寒地の場合は、オフィスに入ったら必ず履きかえるようにします。もし、冬のおしゃれとして履くのであれば、プライベートタイムに大いに楽しみましょう。ハーフブーツやブーティも同様です。

また、靴を脱ぐことが予想される訪問や和室での会食時には、ブーツを避けるのが大人のマナーです。

和風レストランの下駄箱に入りませんし、脱ぎ履きに時間がかかり、その所作も気になります。

RULE 65

靴下のルール
ナチュラルストッキングが基本。いつも、予備を一足、バッグの中に携帯しましょう。

靴下は、ナチュラルな肌色のストッキングが基本。仕事用には破れにくいタイプを選ぶことをお勧めします。

大切なプレゼンがあるときや訪問が多い人は、バッグの中に予備の一足を持ち歩きましょう。いざ、というときに必ず役に立ちます。コンビニや駅など、ストッキングはどこでも買えますが、間に合わないことが多いものです。

黒ストッキングは、冠婚葬祭に関わるビジネスの制服や夜のパーティシーンに合わせます。よく、黒ストッキングに、「ソワレ」（夜会服の意味）と書かれているのを目にしますが、その名のとおり、黒のストッキングは夜の礼服か冠婚葬祭の礼服に合わせます。

どのようなシーンや相手にも好感度が高いのは、ナチュラルな肌色のストッキングです。

夏場、暑いからといって、素足で靴を履くのはよくありません。また、パンツスタイルの場合でも、短いストッキングを履きましょう。

よく質問を受けるのですが、冬の防寒として黒タイツを履くのは許容範囲です。ただし、オフィス内では、四〇デニールくらいで十分です。それ以上厚手のタイツは、野暮ったく、軽快さに欠ける印象があります。

シューズのルール

NGなシューズ

ミュール

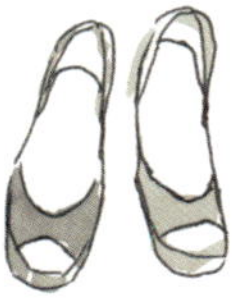
オープントゥのサンダル

ドライビングシューズ

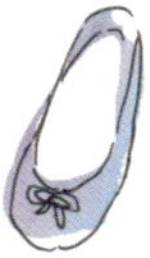
バレエシューズ

ブーツ

OKなシューズ

プレーンなパンプス

ヒールの高さは3～5cm

夏場は、甲のある
バックベルトサンダル

RULE 66

コートと手袋のルール

コートはコンサバティブ、長く着られる上質なものを選びます。

冬のコートはウール素材のトレンチコート、ステンカラー、ラップコートのトラディショナルでコンサバティブなコートであれば、シングルでもダブルでもかまいません。好感度が高く、しかも、流行を問わず、長く着用できます。

カシミアやヴィクーナ（ラクダの一種）のチェスターフィールドなど、メンズ仕立ての上質なコートはエグゼクティブに向きます（ただし、ヴィクーナはとても高価で、カシミア一〇〇%のコートの何倍もします）。

トレンチコートは、スプリングコートとして、また防水加工のタイプであればレインコートとしても兼用できます。ただし、輝きの強い素材はビジネスには向きません。ノーカラーやスタンドカラーのコートもシンプルなスタイルであればよろしいでしょう。

襟が大きく広がり甘く見えるコート、毛皮やフードのついたダウンコートは仕事には向きません。

丈は、一般的に、スカートが隠れるひざ下ですが、最近は、軽快な短めの丈も見かけます。持ち運びを考えると、ビジネスでは短い丈のコートが便利です。

色は、キャメル、グレー、黒、ブラウン、トープなど、ビジネスのベーシックカラーが無難です。白、赤は仕事の場では目立ちすぎます。

毛皮は、コート、ショールなど、仕事にはすべて不向きです。毛皮論争は相変わらず続いていますから、敬遠されることがしばしばあり、グローバルなビジネスシーンではとくに危険です。襟元の防寒には、ウールかカシミアのショールが上品です。毛皮を用いる場合、上質なフェイクなら無難です。

手袋は、カーフが基本で、厚手のカラフルなニット手袋は、カジュアルな印象に見えるので気をつけてください。手首に部分的にファーがついている手袋は、毛足が短く表から目立たない程度でしたら許容範囲といえますが、ファーがついていないほうが無難です。

RULE 67

アクセサリーのルール
目立ちすぎず、服装と調和する上質なアクセサリーで、キャリアを示します。

スーツのアクセントとして、パールやゴールド、またはプラチナなど、上品で上質なネックレス、イヤリング、ブローチのアクセサリーを選んでおくようにしましょう。とくに、エグゼクティブの場合、キャリアを示すことができます。

あくまでもアクセサリーは目立ちすぎないことが大切で、服装と調和するものでなくてはなりません。ビジネスディナー、カクテルパーティ、レセプションなどでは、アクセサリーを加えれば、わざわざ服を着替えなくてもすみます。

長いネックレスや揺れ動くイヤリング、ピアスやブレスレットは、音がしたり、ひっかかったりするものがあり、物理的にも危険を伴います。ふだんは避けるべきです。

同様に、指輪も小ぶりのタイプがよいでしょう。立て爪タイプは避け、エンゲージリングまたはファッションリングを、片手にひとつまでとします。
また、帽子は一般のビジネスではかぶりません。

アクセサリーのルール
パールやゴールド、シルバーなどのブローチを胸元にあしらう。
服装と調和させることが大切。

RULE 68

バッグとビジネス小物のルール

バッグはA4サイズの書類の入る皮革製。小物でステイタスを。

ビジネスバッグ

ビジネスバッグの大きさは、A4サイズの書類がゆったり入り、ふたが閉められるタイプが安心です。ビジネスバッグは、足元に置きますから、安定感があり、底に鋲がついていれば、倒れずにすみます。

素材はカーフ、あるいは、トゥミに代表される丈夫なナイロンが最適です。トートバッグ、カジュアルなショルダーバッグはジム帰りか買い物バッグに見えてしまいますので、避けましょう。

また、あまりに男性的なブリーフケースは、場合によっては堅苦しい印象になってしまうので、気をつけてください。ビニール製や布製、フェミニンすぎるバッグは、相手から軽く見られ、尊敬を得られません。

色は、黒、紺、ベージュ、ブラウン、グレーといったビジネスカラーが基本です。夏場でも白は汚れやすくお勧めできません。クロコダイルやパイソンの爬虫類、エナメル、ヒョウ柄は遊びの要素が多く、ビジネスには向きません。あくまで、シンプルなデザインで使い勝手のよいタイプをお勧めします。なお、ブランドのロゴマークが点在するタイプは避けてください。

メガネ、ペン、時計、手帳など

メガネやペン、時計、手帳といったビジネス小物には、その人のキャリアと生活習慣が出ます。単に使い勝手だけで選ぶのではなく、質のよいものを選ぶのがコツです。

女性の場合は、ファッションブランドで選びがちですが、それぞれアイテム別の専門ブランドで選ぶと成功します。

いずれもメンテナンスを忘れずに。メンテナンスのよし悪しにあなたの性格や生活習慣が出るばかりか、相手は、自分の扱われ方をイメージするものです。

男性はメタルフレームのメガネをかけることで、男が上がり、きりっと仕事ができる印象を演出できますが、女性の場合、きつく冷たく見えないか、よく吟味してください。

また、色によっては、遊びが多すぎて、仕事に集中していないように見えてしまうので、慎重に選ぶ必要があります。

セルフレームのメガネは、クリエイティブな職業の方に、個性を生かすツールとして役立ちます。

ちなみに、フレームタイプはおもに大きく三つに分かれます。ふちなしはナチュラルな印象、メタルはシャープな印象、セル（プラスチック）は個性的な印象です。そのほか、革やウッドがあります。なりたいイメージに合わせてフレームを選んでください。

財布、名刺入れ、スマートフォン、クレジットカード

財布は飾りの少ないシンプルなウォレットタイプをお勧めします。二つ折りの財布の場合、カードや小銭を入れすぎると膨らんで見苦しい形になってしまいます。間違ってもレシートなどが横からはみ出していないようにしてください。

名刺入れは、自分の名刺と交換した相手の名刺とが分けて入れられるタイプを選びます。素材はカーフが基本で、金銀、ラメなど光る素材は派手に見えます。

財布、名刺入れの色は、ビジネスカラーを基本に、ディープな色が信頼感につながります。高級ブランドの上質な皮のタイプはよいのですが、ブランドロゴが目立たないものがビジネス向きです。

スマートフォンなど仕事で使用するビジネスツールは、カバーやストラップの飾りは控えめにします。子供っぽい飾りは、あなたのキャリアに誤解を生じさせます。ビジネス小物もプライベートとの切り分けをしておきましょう。

クレジットカードは、銀行が発行するクレジットカードとステイタスがあるクレジット会社のカードを最低二枚は持つべきです。できればゴールド、プラチナ、ブラックカードを。ブラックカードは最高のステイタスです。ステイタスがあるクレジットカードは、あなたを成功者として周囲に示してくれるはずです。

ホテル、ショッピングやレストランで、これらのカードで支払えば、丁重な扱いを受けることができます。クレジットカードは身分証明書のひとつになっています。

CHAPTER

8

ビジネスカラーのルール

RULE 69

色が発するメッセージを理解し、インプレッション・マネジメントに活かします。

アメリカ大統領をはじめ各国の首脳は、スピーチのメッセージに合わせてネクタイの色を選んでいます。色には言葉以上に強いメッセージ性があり、「感情効果」といって、人の感情を動かす力があります。

そう言われてみると、最近では、経営者や営業マン、コンサルタントなどが、ネクタイの色を巧みに考えて選んでいることに気づくはずです。

さまざまなビジネスシーンに合う色をうまく服装に取り入れて、相手の心を動かし、効果的に自分を演出していきましょう。

RULE 70

一般に、ビジネスに適した色とされるのは、ネイビー、グレー、ブルー、ベージュです。

それでは、ビジネスファッションに適した色を順に見ていきましょう。

ネイビー

カラーメッセージは、「信用、信頼、敬意、真面目」。

まず、一番目に揃えるビジネスの基本色が、ネイビー（紺）です。もし、あなたが一着だけジャケットやスーツを考えるのであればネイビーを選ぶべきです。無地でもストライプでもよいでしょう。

ビジネスフォーマルからビジネスカジュアルまで、どのようなシーンでも使える万能色です。その他、カーディガン、コート、靴、バッグなどの小物に至るまで、すべてのビジネスアイテムに向いていいます。

また、スカートやインナーのコーディネートも、グレー、白、ベージュ、オフホワイト、レッドなど、どの色とも相性が抜群です。

コーディネートする色により「清楚、上品、落ち着き、快活、親しみやすさ」など幅広く演出できてたいへん便利に使える色です。

グレー

グレーのカラーメッセージは「落ち着き、謙虚、控えめ」で、ネイビー同様、頼りになるビジネスの基本色です。二番目に揃えるスーツに最適です。スーツが無地で地味に見える場合は、ピンストライプなどが入ることでカバーできます。

とくに、チャコールグレーは秋冬に、ライトグレーは夏場に向きます。

ライトグレーのスーツのインナーには、白、パステルカラーのブルー、ピンク、レモンイエロー、ミントグリーンなどのブラウスがよく合います。

グレーがかったベージュのジャケットは、夏にはたいへん重宝します。上品で有能なイメージを与えます。

ブルー

カラーマーケティングの分野では、世界中でいちばん好感度が高い色とされています。「誠実、信頼、冷静、さわやか」などのカラーメッセージがあります。

ブルーは男性の嗜好色であり、男性に対する好感度も抜群です。セールスの現場にはとくに威力を発揮します。

スーツではなく、インナーやスカーフに、アクセントカラーとして用います。ミディアムブルーや、ライトブルーのブラウスやスカーフは、好感度が高いアイテムです。

大人数を対象とした講演会などのイベントで、インパクトを持たせたいときには、サファイアブルーのジャケットを黒のスカートやパンツとコーディネートするとよいでしょう。目を惹き、かなりパワフルです。

ベージュ

グレーのスーツが元気なく地味に見えて顔映りが悪いタイプの人は、ベージュのスーツやジャケット、ブラウスを選ぶと顔色がよく見えます。

カラーメッセージは「上品、親しみやすい、自然」で、温かさを感じさせる色です。

明るいベージュは、金髪に映えるせいか、白人の間では上流を感じさせる色として、カシミアのコートなどによく用いられますが、日本人の肌と髪の色には、もう少しダークなキャメルのほうがなじむかもしれません。

キャメルは、コートだけでなく、スーツ、ジャケットにも向きます。ジャケットに用いる場合は、白いインナーと黒のボトムスとの組み合わせが、上品に見せます。

バッグや名刺入れに選んでも、洗練された印象になります。

また、ナチュラルストッキングにはベージュのパンプスがもっとも相性がよく、季節を問わず、どんな色のスーツにも合わせられます。

ベージュ、キャメルは、ネイビー、グレーに並んでビジネスの基本色で万能と言えます。

RULE 71

エグゼクティブに人気の赤とオフホワイト

レッド

赤いジャケットはパワフルで権威を感じさせ、ビジネスエグゼクティブのスタンダードのひとつです。ナンシー・レーガンが夫のレーガン元アメリカ大統領の就任式に赤のスーツを着て以来、大統領夫人や女性議員、多くの有能な女性が赤を着るようになりました。

赤いジャケットのコーディネートには、黒、チャコールグレー、ネイビー、キャメルのスカートやパンツがよく合います。

そのほか、ネイビーやグレーのスーツに、ワインレッドのオープンブラウスを合わせると、襟元がよく映えます。この手のコーディネートもエグゼクティブに好まれています。

オフホワイト

真っ白のスーツやジャケット、スカート、パンツは、真夏以外は避けましょう。清潔感がありますが、汚れが絶えず気になるので、仕事に集中できないことがあります。相手にも気を遣わせることになります。スーツより夏場のジャケットだけのほうが、まだ気が楽です。

しかし、オフホワイトであれば、ベージュ同様、季節を問わずビジネスに向きます。ベージュより目を惹き、フォーマル感が出ますので、いつも着るというよりは、社交、式典、レセプションなどのシーンによいでしょう。

エグゼクティブが社交や講演、取材のときによく用いる色でもあります。

RULE 72

ビジネスシーンでは意外と不評、ブラウンとブラック

ブラウン

ブラウンは落ち着いた色で、リラックスした印象を与えます。セールスやプレゼンなど積極的にアピールする場には不向きです。女性管理職にもあまり人気がありません。

スーツ、ジャケット、ブラウス、靴、バッグなどに用いることができます。

ブラック

黒のスーツは、スタイリッシュで都会的な印象があり、ファッションや美容業界、若手ビジネスパーソンに好まれます。黒はコーディネートが楽で無難と考えがちですが、スーツとなると、実はそうでもありません。

金融系の会社では、男性の黒のスーツを禁止している会社もあるほどです。礼服のようにフォーマルで堅苦しい印象があり、とくに年配者には、暗く陰気な印象を持たれることがあるからです。また、ともすると、制服やリクルートスーツに間違えられてしまいます。黒のスーツは、業種・業界限定、オプションアイテムとしておきましょう。

ジャケットを選ぶ場合、光沢素材やベルベット、目立つボタンがあるものは、ドレッシーな夜の装いになってしまいますので、気をつけて。スーツの場合は、冠婚葬祭のようなフォーマルウェアにならないよう、よく吟味する必要があります。

ただし、スカートやパンツ、カーディガンなど、一部のアイテムに選ぶのであればよいでしょう。靴やバッグ、名刺入れなど、シンプルなカーフの革小物に黒を選択するのは最適です。

その他のカラー

そのほか、ディープグリーン、ワインレッドのジャケットやブラウスは重厚で落ち着いた印象になります。

また、ペールグリーン、ペールイエローやペールラベンダーのスーツやジャケットは、女性的で優しく優美な印象はありますが、相手に指示を与える雰囲気はなく、強いリーダーシップを相手には感じさせません。

パープル、イエロー、ピンク、オレンジ、グリーン、マスタードは、一般的にビジネススーツには不向きです。これらの色は個性的ですが、職種がかなり限定されるカラーと言えます。男女、年齢など、個人によって好き嫌いが分かれる色でもあります。

また、ラメ、シルバー、ゴールドは、夜のビジネスパーティなどに部分的に使用できる色です。

おわりに

二〇〇三年からこれまでに、おもにビジネスマンの服装術、外見力に関する本やDVD、CDなど一〇点以上の執筆、制作に取り組んできました。また、新聞、雑誌、TVなど、NHKをはじめ数百の取材を受ける中で、ビジネスにおける魅力の可視化、非言語コミュニケーションの重要性について強調してきました。

これまで、服装に無頓着、センスや個性がないと揶揄されがちだった男性のビジネスファッションは、ここ数年でずいぶん向上してきたように思います。

一方、女性のビジネスファッションはいかがでしょうか。

ふと、オフィス街を見まわしてみると、制服から解放されて以来、多くの女性が、模範となるビジネスファッション・スタイルが示されないまま、野放し状態にされているような気がします。ビジネスウーマンは服装の選択肢が幅広くなった分、間違いを犯す機会が多くなった、とも言えるようです。

さらに、季節によっては、目のやり場にも困る肌を露出したファッションやバカンスに出かけるときのような自由なスタイルでオフィスを闊歩し、周囲を悩ませているということをよく耳にします。

せっかく優れた能力を持っているにもかかわらず、服装が原因で、正当な評価がくだされず昇進が遅れる、顧客からなかなか信頼されない、職場のコミュニケーションを悪くしているなどといったことが起こっているのも事実です。

これは、個人にとっても会社にとっても、大きな損失であり、不幸な事態です。働く女性のファッションの低迷・迷走にストップをかけなければなりません。

本書は、そんな思いから生まれました。

今日、徐々にではありますが女性の執行役員、管理職、リーダー、起業家が増え、グローバルなビジネスステージに立つ機会も増えてきました。

桜美林大学の馬越恵美子教授によると、女性の社会進出がますます進み、総務省の調査では、日本における女性の労働者数は、一九九〇年から二〇年間で三一%増え、全労働者に占める女性の割合も四二・五%に増加しているとのことです。そんな中、イメージコンサルタントとして、企業や個人のコンサルティングや研修にあたらせていただいていると必ず出てくるのが、ビジネスウーマンのための戦略的な服装術の本を望む声でした。

そしていまでは、この本から多くのサクセスストーリーが生まれています。

新たな未来を切り開くビジネスウーマンが、プレゼンスを高め、自信に満ち、信用力、説得力を向上させていくうえで、本書の服装術が少しでもお役に立てれば、これほど嬉しいことはありません。

また、本書は、女性が多い職場にお勤めの男性や、女性を部下に持つ男性の方にもお勧めします。なぜなら、二五年間の企業研修、講演、コンサルティングの現場を通し、数多くの男性のビジネスパーソンから、「女性のビジネスファッションのことはまったくわからない」という言葉を聞いてきたからです。この本は、そうした男性にとっても、お役に立つはずです。自信を持って、「その服装はビジネスにふさわしくありませんよ」と言えるようになるのですから！

本書は、多くの方のご尽力によって生まれました。

イラストの長谷川ひとみ様、本のデザインをしてくださった吉村亮様、ディスカヴァー・トゥエンティワン編集部の大竹朝子様、石橋和佳様。そして何より、優れたファッションセンスと鋭い感性の持ち主である千場弓子社長には、いつも感服しております。さらに、その千場社長に紹介してくださった神田昌典様。

この場をお借りして、心から深く感謝申し上げます。

国際イメージコンサルタント　大森ひとみ

二〇一七年　心弾む春の季節に

参考文献一覧

・『お客様の心をつかむ真実の瞬間』マイケル・ルボーフ　ダイヤモンド社
・『カルロス・ゴーン経営を語る』カルロス・ゴーン、フィリップ・リエス　日本経済新聞社
・『心理学のすべて』深堀元文　日本実業出版社
・『赤橙黄緑青藍紫』（財）日本色彩研究所、福田邦夫　青娥書房
・『4分間交渉術―「第一印象」の心理学』ジャネット・G・エルシー　阪急コミュニケーションズ
・『日経ビジネス（二〇〇三年一月六日、八月一六日、二〇〇四年二月二日）』日経BP社
・『日本の伝統色』（財）日本色彩研究所、福田邦夫　読売新聞社
・『ヨーロッパの伝統色』（財）日本色彩研究所、福田邦夫　読売新聞社
・『服飾辞典』文化出版局
・『リビング・ヒストリー』ヒラリー・ロダム・クリントン　早川書房
・『ダイバーシティ・マネジメントと異文化経営』馬越恵美子　新評論
・『異文化経営の世界　その理論と実践』馬越恵美子、桑名義晴　白桃書房
・『選択の科学』シーナ・アイエンガー　文藝春秋

参考文献一覧

・『スティーブ・ジョブズ 驚異のプレゼン 人々を惹きつける18の法則』
カーマイン・ガロ 日経ＢＰ社
・『日本企業にいま大切なこと』野中郁次郎、遠藤功 PHP新書
・『ビジネスモデル イノベーション 知を価値に転換する賢慮の戦略論』
野中郁次郎、徳岡晃一郎 東洋経済新報社
・『国家の品格』藤原正彦 新潮新書
・『礼節のルール Choosing Civility』Ｐ・Ｍ・フォルニ（大森ひとみ監修）
ディスカヴァー・トゥエンティワン
・『ミリオネーゼのファッションルール』ジョン・Ｔ・モロイ
ディスカヴァー・トゥエンティワン
・『「見かけ」が仕事を決める！』大森ひとみ 世界文化社
・“JHON T. MOLLOY'S NEW DRESS FOR SUCCESS” John T. Molloy Warner Books
・“NEW WOMEN'S DRESS FOR SUCCESS” John T. Molly
Grand Central Publishing
・“Louder Than Words:An Introduction to Nonverbal Communication”
Marjorie Fink Vargas Iowa State Press

大森ひとみ

株式会社大森メソッド 代表取締役社長兼CEO。ＡＩＣＩ国際イメージコンサルタント協会最高位ＣＩＭイメージマスター。世界を代表するイメージコンサルタントとして、大手企業数百社、トップブランドのブランディング・接客研修をはじめ、プロフェッショナルアピアランス、エグゼクティブプレゼンスをテーマに服装、マナー、プレゼンスキル、スピーチなどの講演、研修、メディアトレーニングを行い、アジアをはじめ世界へと活動の場を拡げている。個人向けコンサルティングでは経営者、国会議員、医師、弁護士、アナウンサーのクライアントも多く持つ。またイメージコンサルタント養成講座も人気。異文化経営学会会員、日本色彩学会正会員。著書に『男の仕事は外見力で決まる』（幻冬舎）、『「見かけ」が仕事を決める！』（世界文化社）、『礼節のルール』監修（ディスカヴァー）他多数。

働く女性が知っておくべき
ビジネスファッション・ルール

発行日　2017年3月25日　第1刷

Author　大森ひとみ
Illustrator　長谷川ひとみ
Book Designer　吉村亮（Yoshi-des）

Publication　株式会社ディスカヴァー・トゥエンティワン
〒102-0093　東京都千代田区平河町2-16-1 平河町森タワー11F
TEL　03-3237-8321（代表）　FAX　03-3237-8323
http://www.d21.co.jp

Publisher　干場弓子
Editor　大竹朝子　石橋和佳

Marketing Group Staff＊小田孝文　井筒浩　千葉潤子　飯田智樹　佐藤昌幸　谷口奈緒美　西川なつか　古矢薫　原大士　蛯原昇　安永智洋　鍋田匠伴　榊原僚　佐竹祐哉　廣内悠理　梅本翔太　奥田千晶　田中姫菜　橋本莉奈　川島理　渡辺基志　庄司知世　谷中卓

Productive Group Staff＊藤田浩芳　千葉正幸　原典宏　林秀樹　三谷祐一　大山聡子　堀部直人　井上慎平　林拓馬　塔下太朗　松石悠　木下智尋

E-Business Group Staff＊松原史与志　中澤泰宏　中村郁子　伊東佑真　牧野類　伊藤光太郎

Global & Public Relations Group Staff＊郭迪　田中亜紀　杉田彰子　倉田華　鄧佩妍　李瑋玲　イエン・サムハマ

Operations & Accounting Group Staff＊山中麻吏　吉澤道子　小関勝則　池田望　福永友紀

Assistant Staff＊俵敬子　町田加奈子　丸山香織　小林里美　井澤徳子　藤井多穂子　藤井かおり　葛目美枝子　伊藤香　常徳すみ　鈴木洋子　住田智佳子　内山典子　谷岡美代子　石橋佐知子　伊藤由美

Printing　株式会社シナノ
Photo　©aflo (P170.171.173)、©amanaimages (P172)

ISBN978-4-7993-2052-5